자녀를 위대하게 키우려면 **사랑**으로 **코칭**하라

자녀를 위대하게 키우려면
사랑으로 코칭하라

손성수 지음

내 아이를 감동시키는 14일의 대화혁명

살림

머리말

당신도 자녀의 '성공'을 '코칭'하는 능력 있는 코치가 될 수 있다

부모라면 누구나 자녀와 좋은 관계를 맺기 원합니다. 그러나 실제로는 그렇지 못한 경우가 더 많습니다. 자녀와 불화를 겪으면서 괴로워하는 가정을 가만히 들여다보면 자녀와의 대화가 문제인 경우가 많습니다. 자녀를 쉽게 판단하고 섣불리 충고하는 부모들의 모습은 문제의 근본 원인 중 하나입니다.

지금까지 모든 문제의 원인이 자녀에게 있다고 생각했던 대다수의 부모들이 제가 진행하는 부모코칭 세션에 참가하면서 깨닫게 되는 것이 있습니다. 바로 문제의 원인이 대부분 부모 자신에게 있고, 그것은 자녀를 충분히 이해하지 못한 데서 비롯되었다는 것입니다. 또한 이제껏 자녀에게서 찾을 수 있었던 단점과 부족한 부분들이 오히려 자녀의 장점이었고, 매력이었고, 재능이었다는 것을 알고 놀라움을 감추지 못합니다.

코칭은 부모들이 자신과 자녀에 대한 충분한 이해를 할 수 있는 '인식'을 넓혀주는 데 일차적인 목표를 가지고 있습니다. 코칭을 통해 이러한 '인식'이 넓어지게 된 부모는 자연스럽게 자녀의 감정과 의도를 깊게 들어주고 공감하게 되며 또한 자녀의 재능을 발견하고 발휘할 수 있도록 도와줄 수 있게 됩니다. 만약 이렇게 변화될 수 있다면 대화의 질이 더욱 향상되며 더 나아가 친밀한 관계로 회복이 가능해집니다. 또한 자녀의 '성공'을 코칭하는 능력 있는 '코치' 역할도 감당 할 수 있게 됩니다.

자녀가 부모에게 자신을 충분히 이해받지 못하고 가치관을 인정받지 못한다고 느끼기 시작하면서부터 부모와의 대화는 불협화음이 되고 관계에 금이 가기 시작합니다. 사실 부모의 판단과 충고는 자신이 이루지 못한 꿈과 열정을 자녀에게 투사하는 것일 수 있습니다. 하지만 이것은 매우 위험한 행동이라고 할 수 있습니다. 부모의 꿈을 투사 받은 자녀는 그것에 강한 거부감을 가지게 되고 자신의 열정과 잠재력을 바로 보지 못하게 되기 때문입니다. 그리고 자신의 브랜드에 맞는 성장목표와 성장계획을 세울 수 없게 됩니다. 결과적으로 타율적인간이 되고, 창의력을 발휘하는 대신 시키는 것만 마지못해 하는 삶을 살아가게 됩니다.

또 어떤 부모는 자녀에게 무시당한다고 스스로 느끼고 절망하여 속상해합니다. 이런 경우에는 자신의 감정과 의도를 자녀에게 표현하는 부분이 많이 부족했음을 깨달아야 합니다. 대화코칭을 통해 자연스럽고 올바른 방법으로 부모 자신의 감정과 생각을 자녀에게 표현할 수 있어야 합니다. 그럴 경우 자녀와의 관계에서 새로운 전기를 맞이할 수 있을 것입니다.

『자녀를 위대하게 키우려면 사랑으로 코칭하라』에서는 '14일 동안의 대화코칭'을 통해서 자녀와의 대화를 즐기게 되고, 더 나아가 자녀의 미래를 함께 꿈꾸게 되기를 바라는 마음을 담았습니다. '대화'는 어려운 것이 아닙니다. 자녀에게 다가가려는 마음을 가지고 있다면 누구나 부모 자신과 자녀가 변화하게 되는 기적을 보게 될 것입니다.

2008년 3월

손성수 코치
sungsoolove@nate.com

 차례

머리말_ 당신도 자녀의 '성공'을 '코칭'하는 능력 있는 코치가 될 수 있다 * 5

1일 자녀를 성공으로 이끄는 감정코칭 대화기법
무엇이 자녀와의 대화를 방해하는가? * 13
감정코칭 대화기법 4단계 * 18

2일 자녀의 열정을 불러일으키는 대화기술
자녀 속에 숨어 있는 열정에 불을 지펴라 * 27
꿈을 현실로 잡아당기는 힘을 실어줘라 * 31
'안 돼!'라고 하기보다 열정을 가질 수 있도록 하라 * 34

3일 자녀의 탁월한 재능을 발전시키는 대화기술
자녀가 진정한 자신을 찾도록 도와줘라 * 41
스스로 발전의 한계를 인식하고 극복하게 하라 * 45

4일 자녀의 경쟁력을 도출시키는 대화기술
자녀는 고유한 탁월함을 가진 존재이다 * 53
자녀의 능력에 대한 믿음을 심어줘라 * 57
자녀의 생각을 확장시키는 방법 * 62

5일 자녀의 노력을 극대화 시키는 대화기술
자녀의 노력이 최대의 성과를 내게 하라 * 67
효과적인 노력을 위해서 집중해야 할 부분을 찾아라 * 72

6일 후회 없는 선택을 이끌어내는 대화기술
가장 중요한 것을 깨닫게 하라 * 77
선택의 기로에 서 있는 자녀를 주목하라 * 80

7일 자녀를 챔피언으로 만드는 대화기술
삶을 에너지로 가득 채우게 하라 * 87
당신의 자녀도 챔피언이 될 수 있다 * 91

8일 '실패'를 '가능성'으로 변화시키는 대화기술
실패를 이겨낼 수 있는 강력한 힘을 심어줘라 * 99
고통의 이면에 존재하는 가능성을 보게 하라 * 103

9일 자신을 사랑하는 아이가 되게 하는 대화기술
자녀의 한계를 무시하지 마라 * 111
자녀가 갖고 있는 모든 것을 존중하라 * 115

10일 현실을 바로 보게 하는 대화기술
객관적인 시선으로 자신의 상황을 바라보게 하라 * 121
세상을 즐겁게 살게 하는 12가지 진실의 유형 * 123

11일 주변 환경을 직접 창조하게 하는 대화기술
계획을 실천할 수 있는 후원 환경을 직접 만들게 하라 * 133
완벽한 후원 환경을 만들기 위한 10가지 방법 * 136

12일 순수한 모습으로 살게 하는 대화기술
자녀에게 자신의 순수한 존재의식을 발견하게 하라 * 145
자신의 성공가능성을 스스로 체크하게 하라 * 148

13일 치유와 회복을 이끌어내는 대화기술
낙담했을 때는 긍정적인 마음을 갖게 하라 * 157
분노와 화해시키는 6가지 단계 * 161

14일 자녀의 비전을 구체화 시키는 대화기술
자녀 자신의 브랜드를 발견하게 하라 * 169
'목적 선언문'을 작성하게 하라 * 178

1일

자녀를 성공으로 이끄는 감정코칭 대화기법

무엇이 자녀와의 대화를 방해하는가?

아침에 일어난 자녀에게 "너는 너무 게으름쟁이야" 하고 비판한다면 자녀는 억울한 생각이 들 것이다. 왜냐하면 그 말 속에는 "너는 항상 게으름을 피워"라는 단정적 의미가 내포되어 있기 때문이다. 대신 "너는 이번 주에 벌써 3번이나 늦게 일어났어!" 하고 이야기하면 주관적 판단이 섞이지 않은 객관적 사실을 말해주므로 자녀와의 대화가 훨씬 부드러워질 수 있다. 마찬가지로 "네 영어점수는 형편없어"라고 말하는 대신 "이번 영어시험 점수는 60점이야"라고 말한다면 자녀는 부모의 말을 훨씬 거부감 없이 받아들일 수 있게 된다.

__ 쉽게 판단하고 섣불리 비판하지 마라

사실 자녀에 대한 비판은 기대가 충족되지 못해서 나오는 것임을 알 수 있다. "너는 게으름쟁이야"라는 말 속에는 자녀가 좀더 부지런하기를 바라는 부모의 기대가 담겨 있다. 그러므로 "너는 게으름쟁이야"라고 비판하는 대신 "나는 네가 부지런하기를 바라기 때문에 네가 늦게 일어나면 속상해"라고 기대했던 바를 말해준다면 자녀와의 대화가 한결 쉽게 풀린다. 또한 "네 영어점수는 형편없어"라고 말하는 대신 "나는 네가 학업에 성실하기를 바라기 때문에 점수가 낮으면 속상해"라고 말한다면 자녀는 부모의 기대를 이해하고 그에 부응하려고 노력할 수 있게 된다.

실제 적용할 수 있는 예

"너는 너무 이기적이야."
→ "나는 네가 다른 사람들을 더 생각해주길 바라."

"너는 왜 그렇게 칠칠치 못하니?"
→ "나는 네가 매사에 좀더 신중하기를 바라."

_ 다른 사람과 비교하지 마라

"성민이는 공부를 잘하는데 너는 왜 이러니? 동생만도 못하니. 동생에게 좀 배워라, 배워."와 같은 이야기를 들으면 자녀는 부모에게 반항하거나 비판을 개인적으로 받아들여 '내가 정말 그런가봐' 하고 자존심에 큰 손상을 입고 자책하게 된다. 그 결과 더 이상 부모와 대화하지 않으려 하고 개인적으로 개선의 노력을 중단할 수 있다.

만일 자녀의 노력한 부분은 칭찬해주고 개선할 부분을 확인해주었다면 훨씬 좋은 결과를 가져왔을 것이다. "열심히 노력했는데 점수가 70점밖에 나오지 않아서 속상하겠다. 나도 안타까워. 다음에 더 잘하려면 어떤 점을 바꾸어야 할까?"라고 말한다면 자녀는 자신이 노력한 부분을 인정받았기 때문에 부모와 감정적으로 연결되어 안도감을 느끼고 개선할 부분을 스스로 찾아 노력할 수 있게 된다.

부모로서의 책임을 회피하지 마라

자녀와 놀이공원에 함께 가기로 약속했는데 갑자기 사정이 생겨서 그 약속을 지키지 못했을 경우 자녀에게 변명하는 경우가 많다. 이때 "회사일이 바빠서 어쩔 수 없었어"라는 변명은 "회사 사정으로 불가항력적인 상황이 되었기 때문에 달리 방도가 없었다. 그러니 내 책임이 아니라 회사 책임이다"라는 말로 이해될 수 있다. 그러나 자녀는 이와 같은 부모의 이야기를 들을 때 더 이상 부모의 말을 신뢰할 수 없게 된다. 자녀의 신뢰를 잃지 않기 위해서 부모는 자녀와의 약속을 지킬 수 있도록 노력함과 동시에 변명을 하지 말아야 한다. 약속에 대해 책임을 지려면 자신의 노력을 상기시키는 말의 패턴으로 바꿔야 한다.

> **실제 적용할 수 있는 패턴**
>
> "무엇 무엇 때문에 어쩔 수 없었다."
> → "나는 무엇 무엇을 원하기 때문에 무엇 무엇을 선택한다."

"나는 너희들과 시간을 보내고 싶기 때문에 회사일이 많아도 오전 중에 다 끝내고 오후에는 약속대로 놀이동산에 갈 거야"라는 말을 들을 때 자녀는 부모의 바쁜 상황을 이해하면서 '그래도 아빠는 우리와의 시간을 소중히 여기는구나' 하고 부모를 신뢰하게 된다.

__ 행동을 억지로 강요하지 마라

"집에 오면 공부해라. 안 그러면 이번 달 용돈은 없다"라고 말하는 경우 자녀는 스스로 우러나서 공부하는 것이 아니라 오로지 용돈을 빼앗기지 않기 위해서 공부하게 된다. 이렇게 되면 진정한 의미에서 공부를 위한 동기 부여는 일어나지 않는다. 자연스러운 동기 부여는 자녀의 감정과 의도를 들어주고 부모의 감정과 의도를 이야기해줄 때 일어난다.

실제 적용할 수 있는 대화의 예

부모 학교 다녀와서 기분이 좀 어떠니?

소미 짝이랑 말다툼해서 짜증나요.

부모 아, 짝이랑 잘 지내고 싶은데 그게 잘 안돼서 기분이 상했구나!

소미 네.

부모 그러면 어떻게 하면 짝이랑 잘 지낼 수 있겠니?

소미 내일 가서 제가 먼저 말을 걸어야겠어요.

부모 그래, 그러면 되겠구나! 엄마는 오늘 네가 학교에 숙제를 못 해가서 안타까웠단다. 네가 공부에 성실하기를 기대했거든.

소미 알겠어요, 엄마. 오늘은 숙제부터 하고 놀게요.

이렇게 자녀는 감정적으로 부모와 연결되었다고 느낄 때 자신의 속마음을 털어놓을 수 있고 부모의 의도도 받아들일 수 있게 된다.

감정코칭 대화기법 4단계

감정코칭 대화기법에는 4단계가 있다. 자녀를 쉽게 판단하지 않고 객관적 사실을 관찰하는 것이 첫 단계이다. 그 다음 자녀의 말을 그대로 받아들이기보다는 자녀가 표현하는 말 속에 숨겨진 느낌에 공감한다. 자녀의 느낌이 파악되었다면 그것과 연결된 욕구와 가치를 이해한다. 그리고 나서 긍정적인 요구를 해야 한다.

__1단계 : 객관적인 사실을 관찰하라

첫 번째 단계는 자녀를 섣불리 판단하지 않고 객관적 사실을 관찰하는 것이다. 대개의 경우 자녀와 대화할 때 주관적인 관찰을 근거로 쉽게 충고와 비판을 하게 된다. "너는 너무 늦장을 부려"라는 말은 부모의 주관적인 판단이 포함된 평가이다. 이 말을 들은 자녀는 '늦장을 부리지 않는 경우도 있는데' 하고 부모에게 불만을 가질 수 있다. 그보다는 "너는 시험 보기 전날 집중해서 공부하는 경향이 있는 것 같다. 어떻게 생각하니?"라는 말이 공부스타일에 대한 객관적인 판단이므로 자녀가 수긍하는 데 도움이 될 수 있다. 또한 "너는 내가 원하는 것을 좀처럼 하지 않아"라고 말하는 대신 "너는 최근에 내가 제안한 세 가지를 다 싫다고 했어"라고 하는 것이 낫다. 이렇게 부모의 주관적인 판단이 아니라 객관적인 사실을 말한다면 감정이 상하지 않고도 자녀 스스로 제삼자의 입장에서 다시 한 번 생각하는 계기로 삼을 수 있을 것이다.

2단계 : 말 속에 담겨 있는 느낌에 공감하라

두 번째 단계는 생각이 아니라 느낌에 공감하는 것이다. 부모는 자녀의 말을 액면 그대로 받아들이기보다 그 말 뒤에 있는 느낌이나 감정에 귀 기울일 수 있어야 한다. 만약 자녀가 "언니가 외국으로 유학을 가면 나는 외로울 거야" 하고 운다면 "다른 친구를 사귀면 되잖아"라고 쉽게 충고할 것이다. 이런 말은 자녀에게 전혀 도움이 되지 않는다. 그보다는 "늘 같이 있다가 혼자 있을 생각을 하니까 외로울 것 같아서 그러니?"라고 말해줌으로써 자녀의 감정 표현을 이끌어낼 때 대화가 훨씬 잘 통한다. 그 후에 "그래도 언니는 가야 되는데 어떻게 하지?"라고 질문하면 자녀는 "아, 언니가 가더라도 편지하면 되겠어.

그러면 덜 외로울 것 같아"라고 자기 나름의 창의적이고 자율적인 문제 해결책을 제시할 수 있다. 이렇게 자녀와의 대화에서 공감대를 형성하는 것은 자녀가 부모와 일체감을 느끼면서 스스로 문제를 해결하도록 돕는다.

또한 자녀가 "나는 돼지처럼 못생겼어"라고 말할 때 "누가 그러든? 그 사람 눈이 잘못되었어. 너는 천사야, 천사" 하고 부모가 위로해준들 자녀의 마음은 그리 좋아지지 않을 것이다. 대신 "오늘 네 모습에 실망했니?"라고 차분하게 질문을 하면 무슨 일 때문에 그렇게 느꼈는지 자녀의 진솔한 이야기를 이끌어낼 수 있다.

3단계 : 부모의 기대를 솔직하게 표현하라

세 번째 단계는 느낌과 연결되어 있는 욕구나 가치를 표현하는 것이다. 부모가 자녀에게 화를 내는 경우 대개 그 화가 자녀에 대한 자신의 욕구나 기대와 연결되어 있다는 사실을 간과할 때가 많다. 음식을 남긴 자녀에게 화가 났다면 그것은 자녀가 음식을 잘 먹어서 건강하기를 바라는 기대와 어느 정도 관계가 있다. 그러나 부모들은 이러한 사실을 쉽게 인식하지 못한다. 그래서 음식을 남긴 자녀에게 "몇 번 말해야 알아듣겠니? 깨끗이 다 먹어" 하고 단순히 질책만 하게 된다. 그러나 이런 경우 자녀는 부모의 기대를 인식하기보다는 부모의 말을 강요나 간섭으로 받아들여 반항심을 갖기 쉽다.

만일 부모가 자신의 감정과 연결된 욕구나 기대를 파악하고서 "엄마는 네가 건강하기를 바라기 때문에 네가 음식을 남기면 속이 상한단다"라고 표현한다면 자녀는 강요를 받는다는 느낌 없이 부모의 욕구를 알아차릴 것이다. 마찬가지로 사소한 다툼으로 딸아이가 "엄마 미워"라고 말했을 때 "어떻게 그런 말을 할 수 있니? 배은망덕한 자식 같으니라고"라고 비판하기보다는 "엄마는 너를 많이 사랑하고 너를 위해 노력하는데 그렇게 말을 하니 섭섭하구나"라고 표현한다면 훨씬 부드럽고 자연스럽게 대화를 이어갈 수 있을 것이다. 이렇게 감정코칭 대화기법을 통해 부모와 자녀가 서로의 감정과 욕구를 들어주고 표현하면 보다 자율적이고 친근한 대화가 가능해진다.

4단계 : 부탁하라

마지막 단계는 부탁하는 것이다. 자녀와의 대화기술이 향상되기 위해서는 자녀에 대한 부모의 느낌과 욕구를 표현할 뿐만 아니라 세련되게 부탁할 수 있어야 한다. 자녀는 부모가 함부로 대해도 되는 소유물이 아니라 존중해야 하는 엄연한 인격체이다. 그렇기 때문에 자녀에게 부탁할 때도 최대한 존중하는 방식으로 접근해야 한다.

긍정적인 언어를 사용하라

자녀에게 요구할 때 "몇 번이나 말해야 알겠니? 컴퓨터 게임을 하지 마"라고 부정적인 언어로 명령을 내리기보다 "오늘 너는 3시간이나 컴퓨터 게임을 했어. 엄마는 네가 학업에 성실하기를 바라기 때문에 걱정이 돼. 이제는 공부해야 되지 않겠니?"라고 객관적 사실을 제시하며 긍정적인 언어로 부탁해보자. 자녀는 부모의 걱정을 이해하고 부탁을 수용할 수 있을 것이다. 마찬가지로 "방이 완전히 쓰레기장이구나. 그만 좀 어지럽혀라"라는 말보다는 "엄마는 네가 정리정돈을 잘하기를 기대하기 때문에 방이 어지럽혀 있으면 실망이 돼. 정리 좀 하자!"라는 말이 훨씬 효과적이다.

명확하고 구체적인 언어로 부탁하라

무엇을 원하는지 알기 힘든 모호한 부탁은 자녀에게 혼란을 주게 된다. 그보다는 명확하고 구체적인 행동을 가리키는 부탁이 자녀와의 관계를 개선하는 데 도움을 줄 수 있다. "나는 네가 책임감을 가졌으면 좋겠다"라는 엄마의 말에 자녀는 고개를 갸웃거릴 것이다. 이때 엄마가 "나는 네가 학교에 숙제를 못 해갈 때면 마음이 상해. 왜냐하면 네가 책임감을 갖기를 원하거든. 앞으로는 숙제를 잘 해갈 수 있지?" 하고 부탁한다면 자녀는 엄마의 부탁이 명확히 무엇인지 이해하고 수용할 수 있을 것이다. "머리 꼴이 그게 뭐니?" 하는 말보다 "엄마는 네 머리가 길어서 혹시나 앞이 안 보일까봐 걱정이 된단다. 특히 자전거 탈 때 말이다. 머리를 자르는 것이 어떠니?" 하는 말이 더 구체적이고 효과적이다.

부모의 느낌과 기대를 표현하며 부탁하라

　감정코칭 기법 중 가장 중요한 부분은 느낌과 기대를 표현하며 부탁하는 것이다. "오늘 네가 설거지 좀 해라"라고 짤막하게 명령하는 대신 "엄마는 네가 집안일을 좀 거들었으면 좋겠어. 그러면 엄마 마음이 기쁠 것 같아. 설거지 좀 해줄래?"라고 표현한다면 훨씬 대화가 수월할 것이다. 우울해 보이는 자녀에게 "왜 그렇게 울상이야? 무슨 일이 있었어?"라고 말하는 대신 "우울해 보이는구나. 엄마는 네가 행복하기를 바라기 때문에 네가 우울하면 안타까워. 무슨 일이 있는지 말해줄 수 있니?"라고 말한다면 자녀는 부모와 공감대가 형성되었다고 느끼기 때문에 안심하고 속내를 털어놓을 것이다.

자녀가 노력한 부분을 칭찬하라

　모든 칭찬이 약이 되는 것은 아니다. 어떤 칭찬은 자녀에게 부담을 주고 반발을 일으키는 경우가 있어 주의가 필요하다. 특히 "넌 착한 아이야.", "너는 늘 마음이 너그러워.", "너는 정직해."와 같이 인격이나 성품에 대한 칭찬을 받은 자녀는 '그렇지 못한 경우도 있는데' 하는 생각을 하게 되어 오히려 칭찬에 공감하지 못하고 부담을 느낀다. 칭찬의 효과는 자녀의 노력한 부분을 구체적으로 칭찬해주었을 때 나타난다. "하루 동안에 마당을 다 청소하다니 수고 많았다. 마당이 깨끗하니 아빠 마음도 상쾌해지는구나.", "오늘 3시간이나 공부했네. 수고했다. 엄마는 네가 학업에 충실하기를 바라기 때문에 열심히 공부하면 기뻐." 같은 칭찬은 마당 청소와 공부에 동기를 부여하여 다음에 또 하고 싶은 마음이 들게 할 것이다.

> 감정코칭 대화 기법 4가지, 즉 ① 판단하지 않고 객관적 사실을 관찰하기 ② 생각이 아니라 느낌에 공감하기 ③ 느낌과 연결되어 있는 욕구와 가치를 표현하기 ④ 부탁하기를 실제 자녀와의 대화에 적용해보고 최소한 5가지 사례를 적어보자.

2일

자녀의 열정을 불러일으키는 대화기술

자녀 속에 숨어 있는
열정에 불을 지펴라

이번에는 자녀로 하여금 의욕적이고 활기차게 자신의 삶을 살아가도록 돕는 대화 방법을 알아보자. 우리 아이들의 삶을 살펴보면 틀에 박히고 고정되어서 내일이 별로 기대되지 않는 지루하고 뻔한 것이기 쉽다. 다람쥐 쳇바퀴 돌아가듯 반복적인 일상 속에서 창의성이나 자율성을 발휘하기보다는 시험점수만 높게 맞으면 모든 것이 다 용납되는 입시 위주의 교육환경 때문에 아이들은 더욱 삶에 흥미를 잃어 가는 것 같다. 여기서 다룰 대화 기법을 잘 활용한다면 자녀가 새로운 기회를 찾는 흥분을 느끼며 자유롭게 사고하는 데 도움을 줄 수 있을 것이다.

여기에서는 다음 '3D' 질문으로 자녀에게 새로운 변화의 기회를 찾을 수 있도록 하는 것이 가장 중요하다.

❶ 어리둥절한 질문(Duh Question)
❷ 심도 있는 질문(Deep Question)
❸ 의혹을 가진 질문(Doution Question)

잠자는 의식을 깨울 수 있는 질문을 생각하라

첫 번째는 어리둥절한 질문이다. "아침에 기적이 일어났다면 무엇을 보고 기적이 일어났음을 알 수 있겠니?" 하고 자녀에게 질문을 던진다면 "기적? 글쎄요. 잘 모르겠는데요"라는 대답이 돌아올 가능성이 크다. 왜냐하면 한 번도 생각해보지 않았기 때문이다. 코칭 대화의 강력한 힘 중 하나는 바로 이런 질문을 던지는 데 있다. 사람이 흥분되고 의욕을 갖게 되는 것은 한 번도 생각해보지 않은 것을 생각해볼 때이다. 그러므로 자녀가 잘 모른다고 대답해도 실망하지 말고 다른 식으로 질문할 수 있다. "하나님께서 꿈에 나타나 무슨 소원이든지 네 소원을 다 들어준다고 약속하신다면 어떤 소원을 말씀드리겠니?" 라는 질문은 방망이로 머리를 한 대 쾅 하고 맞은 것처럼 우리 자녀들의 잠자는 의식을 깨울 수 있다. 아이들의 열정이 시들어가는 이유는 '내가 원하는 것이 무엇이지?', '내가 정말로 바라는 게 뭐지?' 하는 생각 대신 '공부를 해야만 해.', '집안을 청소해야만 해.' 하는 타인에 대한 의무감에 사로잡혀 있기 때문이다. 우리 부모들은 먼저 자녀의 열정을 찾아줄 수 있어야 한다. 이렇게 어리둥절한 질문을 던짐으로써 아이들은 자율적으로 생각하고 마침내 자신이 진짜로 원하는 것에 한발 다가갈 수 있을 것이다.

자녀의 이야기에 숨어 있는 핵심을 찾아라

두 번째는 심도 있는 질문이다. 예를 들어 소원을 묻는 질문에 "빌 게이츠처럼 돈을 왕창 벌고 싶어요"라고 대답한 자녀에게는 "그것이 왜 너에게 중요하지?" 같은 추가 질문을 던질 수 있다. 심도 있는 질문은 자녀의 진짜 이슈에 대해 스스로 생각해볼 수 있도록 돕는 코칭 질문 기법이다. "그러면 자동차를 살 수 있잖아요." 혹은 "그러면 어려운 이웃을 도울 수 있잖아요.", "그러면 세계 여행을 마음대로 할 수 있잖아요." 같은 대답을 통해서 자녀의 열정은 어디에 있는지, 가치를 어디에 두는지 파악할 수 있다.

자신의 열정을 스스로 확인하게 하라

세 번째는 의혹을 가진 질문이다. "또 다른 기적이 이루어졌다면 무엇을 보고 알 수 있겠니?" 혹은 "하나님께서 또 다른 소원을 말해보라고 하신다면 어떤 소원을 말씀드릴 수 있겠니?" 같은 질문은 과연 내가 가장 원하는 것이 무엇인지 판가름할 수 있도록 도울 수 있다. 이 질문에 "만병통치약을 갖고 싶어요"라고 대답했다면 "그것이 네게 중요한 이유는 무엇이니?"라고 질문함으로써 자녀의 핵심 이슈를 파악한다. 그러고 나서 "아까 '빌 게이츠가 되고 싶은데 그 이유는 세계 여행을 많이 갈 수 있으니까' 라고 대답했고, 지금은 '만병통치약을 갖고 싶은데 그 이유는 불치병 환자를 고칠 수 있으니까' 라고 대답했는데, 그 중 한 가지를 선택한다면 무엇을 선택하고 싶니?"라고 질문하여 자녀 스스로 어디에 더 열정을 갖고 있는지 정확한 진단을 돕는다. "만병통치약을 갖고 싶어요. 불치병 환자를 고칠 수 있으니까요."라고 대답한 자녀에게 "정말로 그것을 원하니?"라고 의혹을 가진 질문을 던진다면 더 큰 열정을 불러일으킬 수 있을 것이다.

꿈을 현실로 잡아당기는 힘을 실어줘라

보통 코칭 대화는 GROW 코칭 모델에 의해서 후속조치를 밟게 된다. GROW 모델이란 목표(Goal), 현실(Reality), 대안(Option), 의지(Will)의 영문 이니셜을 딴 것으로 코칭 대화 결과 새롭게 인식된 부분을 실제 행동으로 옮기는 일련의 과정을 요약한 내용이다.

예를 들어 자녀와의 대화 결과 정말로 원하는 것이 불치병 환자를 고치는 일이라고 한다면 "그것을 위해 어떤 목표를 세울 수 있겠니?"라고 질문함으로써 행동을 위한 첫 단계를 밟을 수 있겠다. 이때 "의사가 되는 것이요"라고 대답했다면 목표 설정을 위한 SMART 원칙을 고려할 필요가 있다.

각 항목들의 영문 이니셜을 딴 SMART 원칙이란 구체적이고(Specific), 측정 가능하고(Measurable), 성취 가능하고(Attainable),

가치와 관련성이 있고(Relevant), 달성시기가 명확한(Time-bound) 목표인지를 따져보아야 한다는 것이다. 예를 들어 "언제까지 의사가 되면 좋겠니? 시간을 한번 정해보렴.", "그것이 현실 가능한 목표일까?", "의사가 되기 위해서 중간 중간에 의사 준비가 잘 되고 있는지 측정할 수 있는 어떤 기준이 있을 수 있을까?" 등 SMART 원칙을 따라 목표를 설정한다면 자녀가 꿈을 성취하는 데 많은 도움이 된다.

"그 목표를 위해 나아갈 때 현재 어떤 장애물이 있니?", "제일 발목 잡는 것이 무엇이니?"와 같은 질문은 자녀의 당면 문제를 파악하고 극복하도록 도울 수 있다.

자녀가 스스로 답을 찾을 수 있도록 기다려라

현실 인식이 끝났다면 대안을 모색해야 한다. "그럼 목표를 이룰 수 있는 방법에는 무엇이 있을까?"라는 질문으로 자녀가 자신의 방법을 창의적으로 생각해낼 수 있도록 길을 열어주는 것이다. 코칭의 파워는 부모가 충고와 답변을 주는 대신 자녀 스스로 사고하여 더 창의적이고 더 탁월한 결과를 만들어낸다는 데 있다. 여기서 주의할 점은 최대한 많은 대안을 생각할 수 있도록 도와야 한다는 것이다. 보통 20가지 정도 대안을 찾고 난 이후 진짜 대안다운 대안이 나온다고 하는데, 처음 시도하는 자녀에게는 결코 쉽지 않을 것이다. 그렇기 때문에 평소에 부모가 먼저 답변을 내놓지 않고 자녀가 스스로 생각하는 습관을 길러주는 것이 무엇보다 중요하다.

'의지'는 여러 가지 옵션 중에서 목표를 성취하는 데 가장 효과적인 대안에 집중할 수 있도록 돕는 과정이다. "이 여러 가지 대안 중에서 한 가지를 고른다면 어떤 것을 고르겠니?"라는 질문으로 최적의 대안을 선택하도록 한다. 그 후에 "그것을 위해서 한 달 안에 무엇에 집중해야겠니?", "그것을 위해 일주일 안에 첫 단계를 밟는다면 언제 할 거니?" 등으로 순차적으로 질문함으로써 그 대안을 어떻게 실천할 것인지 행동계획을 설계해줄 수 있다. 또한 이 의지 부분을 다룰 때 중요한 것은 "네가 실행했다는 사실을 누가 어떻게 점검해주면 좋겠니?"라는 질문으로 책임감을 갖고 실천할 수 있도록 옆에서 도와주는 조력자를 정해야 한다는 점이다. 즉, 자녀에게만 맡겨둔다면 작심삼일로 끝나는 경우가 많기 때문에 후원 환경을 조성해주어야 한다.

'안 돼!' 라고 하기보다 열정을 가질 수 있도록 하라

만약 "실패할 확률이 1%도 없다면 무엇을 하고 싶니?"라는 질문을 하면 자녀는 '실패할 확률이 1%도 없다면'이라는 가정에 흥분하게 될 것이다. 왜냐하면 모든 것이 다 가능해졌기 때문이다. 지금까지 실패할 것이 두려워 미처 시도하거나 생각하지 못한 부분이 활짝 열리게 된다. 진짜 원하는 열정이 나올 수 있게 되는 것이다. 마찬가지로 "만약 네가 선생님이라면 학생들에게 어떻게 해주고 싶니?"라는 질문을 받은 자녀는 학생으로서 고정된 시각만 가지고 있다가 선생님이 된다는 더 많은 가능성으로 인해 시야가 넓어지고 새로운 열정을 찾을 수 있다.

예를 들어 자녀와의 관계를 좋게 하기 위해서 "너는 아빠를 누구라고 생각하니?"라는 질문을 할 수 있다. 이때 자녀는 "아빠는 아빠지, 아빠를 누구라고 생각하느냐고?"라는 반응을 보이며 처음에는 어려워할 것이다. 그러나 점차 아빠를 구성하는 더 많은 개념에 대해 생각함으로써 의식이 넓어지고 "아, 아빠는 친구같은 사람이야"라고 대답할 수도 있게 된다. 이를 계기로 자녀는 아빠를 친구와 같이 더 친근하고 자연스럽게 대할 수 있을 것이다.

시험을 잘 보아서 자기 스스로도 대견하게 여기고 있는 자녀가 있다면 엄마는 "와, 대단하네. 반에서 일등을 했어. 수고했다. 여기서 만족하지 말고 전교에서 일등을 한다면 어떨까?"라는 말로 동기를 부여해줄 수 있다. 이 질문으로 자녀는 자연스럽게 '반이 아니라 학교에서 일등을 한다면 얼마나 좋을까?' 하는 마음을 품게 된다.

다른 것을 제안하라

성공을 바라는 자녀에게 "네가 생각하는 진정한 성공은 무엇이니?" 하고 물어봄으로써 다른 아이들과 차별화되는 내 자녀만의 성공 특징을 알 수 있다. 또한 "최고를 측정할 수 있는 기준이 있다면 무엇이니?"라는 질문은 자녀만의 고유한 기준과 가치를, "네가 행복할 수 있는 다른 요소가 있다면 무엇이니?"라는 질문은 자녀가 열정을 갖고 있는 또 다른 분야를 점검해볼 수 있게 한다.

만약 자녀가 어려운 이웃을 위해서 병원을 짓고 싶다고 이야기했다면 "아주 훌륭하구나. 그런데 나는 사람들이 자신이 원하는 것을 스스로 성취할 때 보람을 느낀다고 생각하는데, 어떻게 생각하니?" 하고 다른 관점을 제시할 수 있다. 새로운 자극을 받은 자녀는 "아, 그러네요. 어려운 사람들이 자활할 수 있도록 도와주어서 그들 스스로 병원을 개설한다면 더 효과가 좋을 것 같은데요."라고 보다 창의적인 대안을 내놓을 수 있다.

친구들의 따돌림 때문에 학교생활을 힘들어하는 자녀에게 "친구들과 그 문제에 대해서 직접 이야기해보면 어떠니?"라는 조언은 시도해볼 만한 다른 변화를 제안하는 것이다. 동물원에 가자고 보채는 아이에게 "우리가 동물원을 만들어보면 어떨까?" 하고 제안하면 "우리가 동물원을 만들어요? 와, 어떻게 그것이 가능하지요?"라는 호기심 어린 반응이 나올 수 있다. 색다르게 동물원을 체험할 수 있는 다양한 방안들을 내놓는 사이 열정적으로 대화가 이루어질 것이다.

__ 부족한 것을 제안하라

무미건조하고 지루하게 살고 있는 자녀에게 "이렇게 사는 것이 네가 정말로 원하는 삶이니?" 하고 질문한다면 자녀는 처음에는 어리둥절할 것이다. 그러다가 '과연 내가 정말로 원하는 삶이란 어떤 것인가?' 하는 궁금증이 생긴다면 마침내 자신에게 부족했던 열정을 적극적으로 생각하고 찾는 계기를 마련할 수 있다.

"무엇이 너를 그렇게 지루하게 만드니?"와 같이 제거해야 할 문제의 근원을 묻는 질문은 내면의 역동성을 건드리게 된다. 자녀는 자신 안에 어떤 불만족과 짜증, 스트레스가 있는지 돌아보고 해결하게 된다. "가장 집중해야 할 대상이 무엇이니?"라는 질문은 '나는 이 부분에 더 집중할 때 흥미와 열정이 생기는구나' 하고 자신을 좀더 알아가는 계기를 마련해준다.

지금까지 자녀의 열정을 찾아내는 대화기술에 대해서 살펴보았다. 자녀가 새로운 기회를 찾고 자유롭게 생각하는 사람이 되기를 바란다면 일상적이고 단순한 대화로 만족해서는 안 된다. 자녀가 더 많은 것을 기대하고, 다른 것을 생각하고, 문제의 근원을 제거하도록 부모가 도울 때 진정으로 목적을 달성할 수 있을 것이다.

> 이번 장에서 배운 기본 질문 3가지 ① 어리둥절한 질문 ② 심도 있는 질문 ③ 의혹을 가진 질문과, 다양한 활용법 ① 더 많은 것 제안하기 ② 다른 것 제안하기 ③ 부족한 것 제안하기를 실제 자녀와의 대화에 적용해보고 최소한 5가지 사례를 적어보자.

3일

자녀의 탁월한 재능을
발전시키는 대화기술

자녀가 진정한 자신을 찾도록 도와줘라

사람들은 누구나 자기 자신에 대해 잘 안다고 생각하지만 사실은 그렇지 못한 경우가 많다. 우리 자녀들도 자신의 재능이 무엇인지, 사물을 바라보는 시각은 어떠한지, 어떨 때 화가 나고 어떨 때 신이 나는지 인식하지 못하고 혼란스러워한다. 그 결과 늘 해오던 습관을 따라 반복적으로 살아가게 된다. 이번 코칭의 목표는 자녀가 자신에 대해서 올바르게 인식하고, 새롭게 발견한 재능·시각·에너지에 고무되는 삶을 살도록 도와주는 것이다.

❶ 자신을 누구라고 생각하니? - 재능
❷ 다른 말로 표현해본다면? - 시각
❸ 그런 사례를 한 가지 말해줄 수 있니? - 에너지

너는 너 자신을 누구라고 생각하니?

"너는 너 자신을 누구라고 생각하니?"라는 질문은 자녀의 재능이나 가치, 성격적인 특징이나 필요를 스스로 발견할 수 있도록 해준다. 그러나 이 질문이 자녀에게 어렵고 추상적으로 느껴진다면 "너를 동물로 비유한다면 어떤 동물로 비유할 수 있겠니?", "너를 꽃으로 비유한다면 어떤 꽃으로 비유할 수 있겠니?", "너에 대해 수채화로 한번 그려볼까?" 같은 다양하고 구체적인 질문을 통해 쉽게 자기를 표현하도록 도와줄 수 있다.

이때 자녀가 "곰이요. 저는 곰으로 비유할 수 있을 것 같아요"라고 대답했다면 "왜 곰이지? 그 이유를 다른 말로 표현해볼래?"라고 두 번째 질문을 던져라. "왜냐하면 저는 항상 느린 것 같아요. 그래야 마음에 여유를 갖고 편안하게 무엇이든지 할 수 있는 것 같아요"라는 대답이 돌아왔다고 한다면, "그렇구나. 편안하기 위해서 느린 속도를 좋아하는구나. 혹시 곰의 다른 특징도 있니?"라고 질문을 이어나가 보자. "아, 그래요. 지금 생각해보니까 저에게는 곰돌이 푸우처럼 따뜻하고 포근한 면도 있는 것 같아요"라고 자녀가 다른 시각으로 곰의 특징을 찾아낸다면 대화는 성공적으로 진행되고 있는 것이다.

계속해서 "그렇다면 그런 사례를 한 가지 말해줄 수 있니?"라고 질문함으로써 자녀는 자신이 미처 발견하지 못했던 '포근하고 따뜻한 부분'에 대해 진지하게 인식할 수 있다. 이는 자녀에게 동기를 부여하여 뭔가 새로운 선택을 하도록 이끌어줄 수 있다. 이외에도 "너에게 숨겨진 꿈이 있다면 무엇이니?", "다른 사람들에게 한 번도 말하지 않은 고민이 있다면 무엇이니?", "어떨 때 두려움을 느끼니?," "채워지지 않은 욕구가 있다면 무엇이니?" 등 다양한 질문을 활용할 수 있다.

조하리Johari의 창으로 변화의 잠재력을 깨워라

자신은 모르지만 상대방에게는 보이는 창(blind)	자신도, 타인도 아는 창(public)
자신도, 타인도 모르는 창(unknown)	자신은 알지만 상대방에게는 숨기는 창(private)

자녀의 재능을 찾아내는 코칭 대화가 강력한 이유는 자신에 대해 더 많이 알면 알수록 더 좋은 선택을 할 수 있기 때문이다. 심리학 개념 중에 '조하리의 창'이라는 개념이 있다. 이는 사람이 다른 사람과 의사소통을 할 때 갖는 네 가지 마음의 영역을 설명하고 있는데, 첫째는 자신도 알고 타인도 아는 영역이고(public), 둘째는 자신은 알지만 상대방에게는 숨기는 개인적인 영역이고(private), 셋째는 자신은 미처 보지 못하지만 상대방에게는 보이는 맹점인 영역이고(blind),

마지막 넷째는 자신도 모르고 타인도 모르는 미지의 영역이다 (unknown).

	자신도, 타인도 아는 창(public)
자신은 모르지만 상대방에게는 보이는 창(blind)	
자신도, 타인도 모르는 창(unknown)	자신은 알지만 상대방에게는 숨기는 창(private)

코칭에서는 이 네 번째 영역인 자신도, 타인도 모르는 영역을 발견해가는 과정에서 놀라운 잠재력과 가능성들이 표출되고 변화와 성장이 극대화된다고 이야기한다. 왜냐하면 내가 알고 남도 아는 부분으로만 살아갈 때는 내가 알고 동의하는 부분까지만 성장할 수 있기 때문이다. 이 코칭 기법을 활용해서 내가 알지만 상대방은 모르는 개인적인 부분을 개방하고, 상대방은 알지만 내가 미처 보지 못하는 나의 맹점에 대해서 피드백을 받는다면, 나도 모르고 남도 모르는 미지의 부분이 서서히 발견될 수 있다. 이럴 때 우리 자녀들은 짜릿한 흥분을 느끼고 자신의 가능성과 잠재력을 깨달아 더 놀라운 성장과 변화를 일으킬 수 있는 기본 토양을 갖추게 된다.

스스로 발전의 한계를
인식하고 극복하게 하라

자녀의 재능을 찾아내는 코칭 대화기법으로는 첫째, 한계를 극복할 수 있는 질문 던지기가 있다. 자녀가 한계라고 생각하는 것들을 가만히 살펴보면, 스스로 어떤 가정을 하고 있거나 고정관념이 있거나 그냥 한계라고 생각하기 때문에 한계인 경우가 있다. 그러므로 코칭 질문을 통해서 스스로 가정하고 있는 것은 무엇인지, 고정관념이 있다면 무엇인지, 개인적으로 생각하는 한계가 있다면 무엇인지 생각해보고 과연 그것이 맞는지 확인시켜주면 대부분은 극복될 수 있다.

만약 자녀가 "엄마는 나빠. 동생만 챙겨주거든"이라고 말했다면 "동생을 챙겨주면 엄마는 너를 사랑하지 않는다. 맞을까, 틀릴까?"라고 질문할 수 있다. 이때 자녀는 누그러진 태도를 보이면서도 "그래도 나는 엄마가 동생을 챙겨주면 기분 나빠"라고 말할 것이다. "아!

동생과 같이 너도 엄마의 관심을 느끼고 싶다는 이야기구나. 그렇다면 엄마가 동생을 사랑하는 방식과 너를 사랑하는 방식이 어떤 차이가 있을까? 너를 믿고 집안일도 맡기고 동생도 잘 보살피도록 부탁하는 것이 엄마가 너를 사랑하는 방식이 아닐까? 내가 누구를 믿고 집안일을 맡길 수 있겠니?"라고 논리적으로 설명한다면 동생하고는 다른 방식이지만 엄마가 자신을 사랑하고 있음을 이해할 수 있을 것이다.

고정관념에서 벗어나게 하라

"공부는 재미없어"라고 이야기하는 자녀가 있다면 "혹시 공부를 재미있게 하는 학생들은 없을까?"라고 고정관념을 벗어난 사례가 있는지 질문하는 것이 좋다. "맞아요. 우리 반에는 공부를 재미있게 하는 친구들이 있어요. 그런데 왜 나는 공부가 재미없지요?"라는 대답이 돌아온다면 아이는 공부가 재미없다는 고정관념에서 벗어나 자신의 문제를 인식하기 시작한 것이다.

자녀가 "우리 학교는 너무 안 좋은 것 같아요. 너무 외진 곳에 있어요."라고 말한다면 "아, 성민이는 누구보다 앞서가고 싶은데 학교가 그것을 못 받쳐줄까 걱정이 되는구나. 그렇지? 좀 외진 곳에 있는 모든 학교의 학생들은 뒤떨어져 있다. 맞을까, 틀릴까?"라고 물어보자. 자녀는 "꼭 그렇지는 않은 것 같아요"라는 말로 스스로 만든 한계를 부정할 것이다. 다음에는 그 한계를 기회로 삼을 수는 없는지 질문을 던져보자. "그렇다면 성민이가 학교를 새로운 기회와 도전이라는 관점으로 바라보면 어떨까?"라는 질문에, 예를 들어 "자연환경이 수려해서 자연을 즐기며 더 공부에 집중할 수 있는 장점이 있는 것 같아요."라는 대답을 했다면 학교가 외진 곳에 있다는 한계를 어느 정도 극복한 것이다.

자녀가 스스로의 스타일을 인식하게 하라

두 번째는 자녀 스스로 자신의 핵심 요소를 파악하도록 돕는 질문을 던지는 것이다. 자녀에게 "너만의 매력이 무엇이라고 생각하니?"라고 묻는다면 평소에 잘 생각해보지 않았던 주제라서 신선함을 느끼고 활발하게 피드백을 줄 것이다. 마찬가지로 "너만의 공부 스타일이 있다면 어떤 것이니?"라는 질문에 "저만의 스타일이요? 아! 저는 혼자 공부하는 것보다 누가 좀 간섭하고 챙겨주면 공부가 잘되는 것 같아요. 지금까지 이 사실을 잘 알지 못했어요"라고 답할 수 있다. 이 질문이 중요한 이유는 이렇듯 본인의 공부 스타일을 새롭게 인식한 자녀는 더 집중이 잘 되는 환경을 스스로 조성할 수 있기 때문이다. 코칭의 목적은 우리 자녀들이 더 창의적이고 더 책임감 있게 스스로의 삶을 살아가도록 돕는 데 있다.

"너는 어떨 때 신이 나니?"라는 질문은 무엇이 자녀에게 동기를 부여하는지 스스로 깨닫게 도와준다. '아, 나는 이럴 때 신나는구나'

하고 인식하면 무슨 일이든 신나서 할 수 있는 환경 조성이 가능해진다. 또한 "너는 어떨 때 기분이 좋아지니?"라고 질문함으로써 자녀가 어떤 순간에 힘을 얻는지 알 수 있다. "누가 100만원을 너에게 주고 저축하지 말고 한 달 안에 다 쓰라고 한다면 어떻게 사용하고 싶니?" 같은 질문은 자녀의 가치를 드러내준다. 돈, 시간, 에너지를 어디에 투자하는지 확인하는 작업을 통해 귀하게 여기는 가치가 무엇인지 스스로 깨달을 수 있다.

__자녀의 가능성을 확장시켜라

세 번째 활용법은 자녀의 가능성을 확장하는 것이다. 만약 자녀에게 "십 년 후에 되고 싶은 것이 있다면 무엇이니?"하고 질문하면 "연예인이요.", "경찰이요.", "의사요." 등등 다양한 대답이 나올 것이다. "그래, 그러면 어떤 연예인이 되었으면 좋겠어?"라고 다시 질문하면 자녀는 어떤 어떤 연예인이 되고 싶다고 이야기할 것이다. 그러면 부모는 "자, 그럼 눈을 감고 연예인이 된 모습을 그려볼까? 지금 어디 있니?", "누구랑 함께 있어?", "지금 뭘 하고 있어?" 등등을 물어봄으로써 자신의 꿈이 성취된 순간을 그려보도록 한다. 이것은 자녀의 비전을 찾아주는 작업인데 청사진이라고도 할 수 있다. 자녀는 자신의 구체화된 꿈을 이루기 위해 좀더 책임감을 가지고 현재를 살 수 있다. 또한 "그 꿈이 이루어졌을 때 기분이 어때?"라는 질문은 꿈이 이루어진 순간의 감정을 느끼게 하는데, 그 벅찬 감정을 기억하는 것은 장차 꿈을 성취하는 데 큰 도움이 된다.

__ 꿈을 현실화시키기 위한 자원을 알려줘라

꿈을 이루기 위해서 현실적으로 활용할 수 있는 자원을 자녀에게 인식시키는 일이 필요하다. 예를 들어 "그 꿈을 이루기 위해서 도움을 받을 수 있는 사람이 있겠니?", "어떤 책이 도움이 되겠어?", "또 다른 자료가 필요하지 않을까?" 같은 질문들은 평소 미처 생각하지 못한 자원을 떠올리고 이를 활용해 꿈을 향한 첫발을 내딛도록 도와준다. "꿈을 이루기 위해서 연마해야 할 기술이나 재능이 있겠니?"라고 물어봄으로써 자녀가 꿈을 성취하기 위해 어떤 재능이 필요한지 깨닫고 연마하도록 이끌어줄 수 있다.

지금까지 자녀의 재능을 노출시키는 코칭 대화 기법에 대해서 살펴보았는데, 자녀가 자신에 대해 더 많이 알면 알수록 더 좋은 선택을 할 수 있다는 것을 알 수 있었을 것이다. 부모는 자녀에게 자신의 한계가 무엇인지 질문함으로써 한계를 극복할 수 있도록 도우며, 자신의 핵심 요소가 무엇이지 깨닫게 함으로써 중요한 것을 알려주고, 자신의 비전과 자원, 재능을 인식시킴으로써 가능성을 더 확장시킬 수 있다.

이번 장의 기본 질문과 다양한 활용법을 실제 자녀와의 대화에 적용해보고 최소한 5가지 사례를 써보자. 이 과제를 통해서 자녀가 보다 자신에 대해 잘 알게 되고 더 좋은 선택을 할 수 있을 것이다.

4일

자녀의 경쟁력을
도출시키는 대화기술

자녀는 고유한 탁월함을
가진 존재이다

이번 장에서는 자녀들이 자신만의 고유한 탁월함이나 장점을 가지고 꿈을 이룰 수 있는지 깨닫게 함으로써 자신에게 집중하여 변화와 성장을 하도록 돕는 코칭 기술을 소개할 것이다. 대개의 경우 자신이 정말로 이루어지기를 원하는 꿈에 대해서 생각하기보다는 현실적인 제약에 파묻혀서 혹은 자기 자신의 잠재력 및 가능성에 대해서 신뢰하지 못하기 때문에 마음껏 꿈꾸지 못한다. 코칭 질문은 그와 같은 제약이나 불신에서 벗어나도록 돕는 것을 목적으로 한다. '탁월함 도출하기 코칭' 전에는 습관적으로 반응하고 보통 수준으로 살았다면, 코칭 후에는 자신의 인생에 대해서 마음껏 꿈을 꿀 수 있으므로 동기가 부여되고 에너지가 넘치는 삶을 살 수 있게 된다.

__ 미래에 성공한 모습을 마음껏 꿈꾸게 하라

"네가 인생에서 원하는 대로 정말 성공했을 때 사진을 찍는다면 어디에서 어떤 모습으로 있겠니?"라고 질문하면 자녀들은 흥분하기 시작한다. 내가 원하는 대로 성공한 모습을 그려보는 일은 자녀를 자유롭게 꿈꾸도록 도와준다. 여기서 한 가지 중요하게 점검해야 할 부분은 혹시 '꿈 파괴 요인이 있지 않은가' 이다. 어린 시절 믿고 있던 부모나 선생님에게서 "넌 너무 허무맹랑해."라는 비난을 받은 적이 있거나, 과거의 실패와 상처로 인해 '나는 아무리 해도 안돼' 하는 마음이 남았다면 자신도 모르게 자꾸 위축될 것이다. 우리 자녀들이 여러 가지 요소로 인해 마음껏 꿈꾸지 못한다면 사자를 그리려다가 고양이를 그리고 마는 경우를 초래할 수 있다. 따라서 자녀가 더 크고 더 놀라운 변화와 성장을 하기 위해서는 부모가 꿈 파괴 요소를 찾아주고 적극적으로 극복을 돕는 것이 무엇보다 중요하다.

__ 꿈을 위해 지금부터 준비시켜라

성공한 모습을 그리고 난 후 그 꿈을 성취하기 위한 첫 단추로서 "그것을 위해 현재 갖고 있는 어떤 장점을 발휘하고 싶니?"라는 질문을 던질 수 있다. 진정한 변화와 성장은 현재 자신의 장점에 집중할 때 이루어진다. 자신의 장점, 자신의 탁월함이 무엇인지 자녀가 항상 인식할 수 있도록 도와주어야 한다.

아울러 "현재의 장점을 발휘하는 데 장애물이 있다면 무엇이니?"라는 질문은 자녀 스스로 장점을 극대화할 수 있는 환경을 조성하도록 해준다.

탁월함을 도출하기 위한 3가지 단계

❶ 현재의 탁월함
❷ 잠재된 탁월함
❸ 가능한 탁월함

보통 탁월함 도출하기 코칭 기술은 다음의 단계를 밟는다. 먼저 1단계는 '현재의 탁월함'을 확인하는 것이다. 만약 자녀가 자신이 갖고 있는 탁월함을 제대로 인식하지 못하고 있다면 거기에 집중하고 그것을 극대화하도록 도와야 한다. 그러나 이미 충분히 현재의 탁월함을 발휘하고 있는 자녀가 있다면 삶을 한 단계 업그레이드해주기 위해서 아직 개발되지 않은 '잠재된 탁월함'을 인식하고 개발할 수 있도록 도와야 한다. 이것이 2단계이다. 여기서 중요한 것은 탁월함이 다른 사람에 의해서 주입되는 것이 아니라 이미 자녀 안에 있는 것을 끄집어내는 것이라는 점이다. "부자가 되고 싶어요.", "큰 집에 살고 싶어요.", "자동차를 갖고 싶어요."라는 말에서 나타나는 바와 같이 외부 조건만 바라보고 그 조건을 얻기 위해서 노력한다면 재정적으로는 성공할 수 있을는지 몰라도 행복하지는 못할 것이다. 그보다는 어떤 것을 하고 싶고, 그것을 위해 자신이 가지고 있는 어떤 장점을 발휘하면 도움이 될 수 있을지 생각하면 보다 만족스럽고 행복한 삶을 설계할 수 있다.

자녀가 잠재된 탁월함을 개발하고 그것을 통해 새로운 도전과 가능성을 발견했다면 더 나아가 탁월함의 가능성을 더 깊이 인식하여 한층 놀라운 성장을 이룰 수 있다. 이것이 '가능한 탁월함'을 도출하는 3단계이다.

세계적인 축구선수가 되고 싶은 자녀의 사례를 통해 탁월함을 도출하는 과정을 간단히 살펴보자. 우선 자녀가 현재의 어떤 탁월함을 발휘할 수 있는지 질문을 통해 확인해줄 수 있다. 만약 현재의 탁월함이 강한 체력이라고 한다면 더욱 체력 향상에 집중하여 축구선수의 꿈을 키울 수 있도록 돕는다. 더 나아가 자녀의 잠재된 탁월함을 개발시켜줌으로써 중간 단계의 꿈을 이룰 수 있도록 해야 한다. 중간 단계의 꿈이 체육대학 입학이고 인간관계 능력이 잠재된 탁월함이라고 한다면 체육대학에 입학할 수 있도록 함께 연습할 수 있는 그룹을 만든다든지, 함께 시험공부할 수 있는 스터디그룹을 만든다든지 하는 방안을 모색할 수 있다. 마지막으로 개인기나 골 결정력 등 세계적인 축구선수가 될 수 있는 탁월한 경쟁력을 발견하고 개발할 수 있도록 도와주어야 한다.

자녀의 능력에 대한
믿음을 심어줘라

자녀의 탁월함을 도출하기 위해서는 눈앞에 놓여 있는 한계를 극복하고 해결방법을 스스로 찾도록 도와주어야 한다. 불가능한 것을 도전하게끔 유도하는 질문으로 자녀를 한 단계 업그레이드시킬 수 있다.

더 큰 것과 연결하도록 하는 대화의 예

엄마 참 잘했구나. 이번 시험에서 일등을 했는데 기분이 어떠니?

성민 참 좋아요. 다음에는 더 잘하고 싶어요.

엄마 그래, 더 잘하기 위해서 어떤 면에 더 집중하면 좋을까?

성민 네, 이번에 내용요약과 복습을 철저히 했으니 다음번에 이 부분을 좀더 집중하면 좋을 것 같아요.

> 엄마 그래, 어떻게 집중할 생각이니?
>
> 성민 친구들과 노는 시간을 좀 줄이면 될 것 같아요.
>
> 엄마 그래, 그렇게 하면 되겠구나. 그런데 반에서 일등이 아니라 전교에서 일등하기 위해서는 어떤 기준을 더 높이면 도움이 되겠니?
>
> 성민 전교에서 일등이요? 과연 가능할까요?
>
> 엄마 너는 할 수 있어. 지난번에도 전교 석차를 무려 30등이나 올렸잖아.
>
> 성민 예습하는 습관을 기르면 좋을 것 같아요. 그리고 누군가가 예습하는 것을 이끌어주고 도움을 주면 좋겠어요.
>
> 엄마 그러면 누가 이끌어줄 수 있겠니?
>
> 성민 옆 반에 스터디그룹이 있는데 그 그룹에 들어가면 도움이 될 것 같아요.
>
> 엄마 혹시 스터디그룹 들어가는 데 장애물 같은 것이 있을까?

반에서 일등을 한 자녀는 처음에는 '전교에서 일등'이라는 부모의 말에 잠시 의아해하겠지만 "너는 할 수 있어" 하며 변함없이 믿어주면 더 큰 목표를 위해 잠재된 탁월함을 발휘하게 된다. 탁월함 도출하기 코칭 기법은 자녀를 한 단계 업그레이드시키는 대화 기술이다.

한계를 극복하도록 하는 대화의 예

> **엄마** 너의 성격에서 한계는 무엇이라고 생각하니?
>
> **성민** 네, 저는 무슨 일이든지 시작은 잘하지만 끝까지 일을 마무리짓지는 못하는 것 같아요.
>
> **엄마** 그래, 그러면 그 한계를 극복하기 위해서 어떤 부분을 개발하면 좋을 것 같니?
>
> **성민** 공부도 그렇고, 청소하는 것도 점검을 받는다면 끝까지 마무리짓지 못하는 한계가 극복될 수 있을 것 같아요.
>
> **엄마** 그래, 그러면 누가 어떻게 점검해주면 좋겠니?

이렇게 자녀로 하여금 한계라고 생각하는 것을 인식하여 해결방안을 스스로 찾도록 도와주면 탁월함을 도출할 수 있다.

스스로 고무되게 하는 대화의 예

> **엄마** 지금 삶을 자동차 속도로 비유한다면 시속 몇 km로 달리고 있니?
>
> **소미** 한 60km요.
>
> **엄마** 그러면 앞으로는 시속 몇 km로 달리고 싶은데?
>
> **소미** 100km요.
>
> **엄마** 무엇이 네가 100km 속력을 내지 못하게 방해하고 있니?
>
> **소미** 친하게 지내던 친구가 요즘 저에게 말도 안 해요.

이렇게 코칭 질문은 자녀 스스로 고무되어 신나게 살아가는 것을 방해하는 요소를 확인하고 제거하도록 도울 수 있다.

__완전한 것을 인식하게 하라

❶ 완전한 것을 인식하게 하라
❷ 불가능한 것을 시도하게 하라
❸ 할 수 있다고 믿어줘라

"현재 스코어가 0 대 0인데 5 대 0 완승으로 끝내고 싶은 것이 있니?"라고 질문하면 자녀가 정말 성취하고 싶은데 그러지 못하고 있는 주제를 알 수 있다. 그때 "5 대 0 완승으로 끝내기 위해서 너의 어떤 장점을 활용하면 좋을까?"라고 질문하면 탁월함을 도출할 수 있다. 마찬가지로 "성취하기를 원하는 꿈이 100점이라고 했을 때 현재는 몇 점이라고 생각하니?"라는 질문은 완전하다고 생각되는 것과 현재의 차이를 인식시킬 수 있다. "그러면 현재 60점에서 100점으로 올리기 위해 어떤 기준을 높이면 되겠니?"라는 질문 역시 자신만의 장점을 찾아보도록 자극을 준다.

"남들은 불가능하다고 생각하지만 반드시 이루고 싶은 것이 있다면 무엇이니?"라는 질문은 자녀의 열정을 깨운다. 이때 "어떤 기준을 높이면 그것이 가능할까?"라고 불가능한 것을 시도하게 하는 질문을 던지면 탁월함을 도출할 수 있다.

　마지막으로 '과연 내가 할 수 있을까?' 하고 자신 없어하는 자녀에게 "너는 할 수 있어. 엄마는 널 믿어" 하고 강한 신뢰감을 표현한다면 자녀는 용기를 갖고 높은 꿈을 위하여 자신의 장점을 개발할 것이다.

자녀의 생각을 확장시키는 방법

"다른 사람과 차별화될 수 있는 너만의 브랜드는 무엇이라고 생각하니?"라고 질문을 받으면 '나만의 브랜드, 내 고유의 탁월함은 무엇일까?' 하고 스스로 생각하게 된다. 우리는 다른 사람의 탁월함이 자신에게는 없는 부분임을 발견할 때 부러움과 실망을 느낀다. 그러나 사실 실망하는 주된 이유는 자신에게 그런 탁월함이 없기 때문이 아니라 자신만의 탁월함을 바로 인식하지 못했기 때문이다. 그러므로 부모가 자녀 고유의 탁월함을 발견할 수 있도록 인식을 넓혀주는 것이 무엇보다 중요하다.

__ 탁월함을 개발할 수 있는 방법을 질문하라

고유의 탁월함을 자녀 스스로 인식하기 시작했다면 그 탁월함을 더 개발할 수 있는 방법을 질문할 수 있다. 다른 사람들과 잘 어울릴 줄 아는 자녀가 연예인이 꿈이라면 "그 탁월함을 어떻게 더 개발해야 너의 꿈인 연예인이 될 수 있을까?"라고 질문할 수 있겠다. 이외에도 "탁월함을 발휘하는 데 장애물이 있다면 무엇이겠니?", "그 장애물을 극복하고 탁월함을 더 발휘할 수 있는 방법이 있다면 무엇이겠니?" 같은 다양한 추가 질문으로 방법을 모색하도록 한다.

자녀의 탁월함을 작게 만드는 요소를 없애라

자녀를 주저하게 하는 것, 두려움의 대상을 찾아내어 없애도록 도와주어야 한다. "무엇이 네가 큰 꿈을 향해서 도전하지 못하게 방해하니?", "무엇이 너를 두렵게 하니?" 같은 질문으로 탁월함을 발휘하지 못하게 하는 문제의 근원을 찾아 해결하도록 도울 수 있다.

지금까지 탁월함 도출하기 코칭 대화 기법에 대해서 살펴보았다. 더 큰 것과 연결하여 열정을 불러일으키고, 부족한 것을 깨달아 완전함으로 나아가게 하고, 인식을 확장시켜 고유의 브랜드를 발견하도록 해보자. 이 기법들을 이용하면 자녀의 장점과 재능을 도출해낼 수 있으며 거기에 집중할 때 비로소 자녀는 성공적이고 만족한 삶을 살 수 있게 될 것이다.

이번 장의 기본 질문과 다양한 활용법을 실제 자녀와의 대화에 적용해보고 최소한 5가지 사례를 적어보자. 이 과제를 통해서 자녀가 스스로의 장점과 탁월함을 발견하고 꿈을 향해 한 발씩 나아갈 수 있도록 구체적으로 이끌어 줄 수 있다.

5일

자녀의 노력을
극대화 시키는 대화기술

자녀의 노력이
최대의 성과를 내게 하라

이번 장에서는 자녀가 최대한 많은 노력을 할 수 있도록 동기를 부여할 뿐만 아니라 최대의 성과를 올릴 수 있도록 돕는 기술을 배워보자. 대부분 최대한의 노력을 하지 않고서 막연하게 결과를 기대하는 사람은 원하던 결과에 미치지 못하면 불만과 짜증을 느끼고 자신에게 실망하게 된다. 이와 같이 속도가 느리고, 정체되어 있고, 능력을 제대로 발휘하지 못하던 자녀가 코칭을 받으면 같은 노력으로 최대의 성과를 내고, 능력을 발휘할 수 있는 효과적인 방법을 강구하고, 에너지를 얻게 된다.

"지금까지 너의 노력으로 목표한 것을 성공한 경험이 있다면 무엇이니?"라고 질문하면 자녀는 과거 자신이 이룬 성공이나 성취를 기억하게 되는데, 그때 느꼈던 기분을 말하면서 자연스럽게 '나도 할 수 있구나' 하는 생각을 하게 된다. "지난 영어시험 때 열심히 공부해서 95점을 받았거든요. 그때 기분이 정말 좋았어요"라고 대답하는 자녀에게 "그래, 그렇구나. 그때 다른 사람에게서 어떤 칭찬을 받았니?"라고 다시 묻는다면 자녀는 "담임선생님과 영어선생님이 머리를 쓰다듬어주시면서 '잘했다'고 칭찬해주셨어요"라고 신이 나서 대답할 것이다.

"그래. 그때 나는 선물을 주었었지. 네가 정말 자랑스럽고 대견했단다"와 같이 축하해줄 수 있다. 다만 축하는 먼저 자녀 스스로 자신을 대견하게 여긴 이후에 건네지는 것이 중요하다. 단지 입에 발린 축하에 기분이 좋아지지는 않기 때문이다.

"그때보다 더 많은 노력으로 이루고 싶은 것이 있다면 무엇이니?"라는 질문을 받은 자녀는 열정적으로 새로운 가능성을 찾은 후 "영어뿐만 아니라 수학에서도 그런 성취감을 느끼고 싶어요"라고 대답할 수 있다.

이때 부모가 "그러기 위해서 한 가지 바꾸어야 한다면 무엇일까?"라는 질문을 던진다면 자녀는 자신의 삶 가운데 수학공부를 열심히 하지 못하게 방해하는 환경을 인식할 수 있게 된다. "아, 머리가 아파 수학 연습문제를 안 풀고 넘어가곤 했는데, 그러지 말고 연습문제도 꼬박꼬박 풀어야겠어요."라고 대답하는 자녀는 수학공부를 위한 최적의 환경을 디자인할 수 있게 된다. 이렇게 노력을 확장시키는 코칭은 자녀에게 동기를 부여하며 같은 노력으로 최대의 성과를 얻을 수 있도록 도와주는 기술이다.

__ 노력을 2배로 끌어올리는 코칭기법

노력을 확장시키는 첫 번째 활용법, '더 강하게 코칭하기'는 자녀가 자신의 90%의 노력을 기울여 90점의 결과를 얻었다면 200%의 노력을 기울여 200점의 결과를 얻을 수 있도록 돕는 기술이다. 이 방법을 통해 자녀의 에너지는 사방으로 흩어지지 않고 핵심목표에 더욱 집중할 수 있게 된다. 과거 성공경험과 그때 기분을 물은 다음에 "그것을 두 배로 해보면 어떨까?"라고 질문한다면, 자녀는 약간 부담스러워할 수도 있지만 성공했던 경험에 고무되어 뒤로 물러서지 않고 새로운 결과를 얻기 위해 의욕을 불태울 수 있다. 이렇게 더 강하게 코칭하기 기술은 '노력 배가' 기술로서 더 많은 것을 질문하여 자극을 준다.

또한 부모가 "넌 충분히 할 수 있어" 하며 격려하고 믿어줄 때, 그리고 "그것을 이루기 위해 내가 어떤 것을 도와주면 되겠니?" 하며 파트너로서 응원해줄 때 자녀는 더욱 분발하게 되고 더 많은 결과를 얻기 위해 노력할 수 있을 것이다.

두 번째 활용법은 자녀가 갖고 있는 능력을 증대시키거나 다른 사람으로부터 새로운 기술을 배우게 함으로써 효과를 증진시키는 방법이다. 예를 들어 영어로 성취감을 맛본 자녀에게 "수학점수도 100점 맞기 위해서 개발할 기술이 있다면 무엇이니?" 혹은 "어떤 기술을 배우면 그 목표를 달성하는 데 효과적일까?" 하고 질문하는 것이다. 대부분의 경우 자녀들은 자신의 효과성을 증진시키는 방법을 알지 못할 때가 많다. 그럴 때 부모가 "혹시 그 목표를 이루기 위한 지름길이 없니?", "그것을 이루기 위해서 노력하는 데 빠진 요소는 없니?", "그것을 이루기 위해서 한 번도 생각해보지 않았지만 시도해보면 좋을 것 같은 새로운 방법이 있을까?" 같은 질문들을 던지면 처음에는 쉽게 대답할 수 없을지라도 점차 참신하고 창의적인 대안을 생각해내고 시도할 수 있을 것이다.

세 번째 활용법인 노력을 재배치하는 방법은 어떤 목표를 설정하였지만 그 목표보다 다른 목표가 더 많은 결과물을 줄 수 있다면 과감히 목표를 바꾸는 것을 의미한다. 그러므로 자녀에게 "혹시 더 나은 목표를 잡아보는 것이 어떻겠니?"라고 질문하면 자녀가 원래 생각했던 목표보다 더 많은 결과를 얻을 수 있는 새로운 목표에 대해서 생각하도록 유도할 수 있다. 예를 들어 막연히 '수학점수 100점'이라는 목표를 세웠던 아이는 "아, 더 나은 목표요? 음, 수학점수 100점을 맞기 위해 매일 3시간씩 연습문제 풀기로 목표를 잡으면 더 좋을 것 같네요"라고 대답할 수 있다. 즉, 더 나은 목표란 해볼 만하다는 동기를 부여하고 성취하기 좋은 구체적인 목표이다.

또한 "그것을 위해 바꾸어야 할 것이 있다면 무엇이지?"라는 질문에 "학교 갔다 와서 컴퓨터 게임부터 하는 습관을 고쳐야 할 것 같아요"라고 대답하는 자녀는 보다 구체적으로 자신의 습관이나 생활패턴을 점검하고 조정하게 된다.

목표가 변경되고 새로운 전략이 마련되면 어떻게 이행해나갈지가 중요해진다. "그러면 그 목표를 성취하기 위해 어떤 단계들을 밟을 수 있겠니?"라는 질문을 통해 자녀가 자신의 목표를 성취하기 위한 세부 계획을 세우도록 도와줄 수 있다.

효과적인 노력을 위해서
집중해야 할 부분을 찾아라

노력 확장하기 코칭 기술을 활용할 때 집중해야 할 부분은 세 가지로 정리할 수 있다. 첫째는 행동 수준을 높여주어야 한다는 것이다. 자녀가 어떤 목표를 위해 노력하고 있다면 "지금 목표를 이루기 위해 네가 가진 노력을 몇 %나 발휘하고 있니?"라고 질문했을 때 "한 70%요."라는 대답을 들었다고 하자. 그렇다면 "무엇이 70%를 발휘할 수 있게 만드는 것 같니?"라는 질문으로 동기를 부여하는 것이 무엇인지 확인하고, "무엇이 나머지 30%를 발휘하지 못하게 하니?"라는 질문으로 에너지가 분산되는 요인을 점검할 수 있게 된다. 뿐만 아니라 "탁월한 성장을 위해 100%로 너의 노력을 발휘하게 할 수 있는 방법은 없을까?"라는 질문으로 자녀가 보다 창의적으로 자신의 행동 수준을 높일 수 있는 방법을 개발하도록 도울 수 있다.

__ 성과를 올리고 성취 방법을 찾도록 하라

두 번째는 성과를 올려주어야 한다는 것이다. 성과를 100점 정도 올리고 있는 자녀가 동일한 노력을 기울여서 200점을 올리는 효과적인 방법이나 대안을 찾도록 도와야 한다. 이를 위해 "두 배로 할 수 있는 방법이 있다면?", "반에서 일등이 아니라 전교에서 일등을 할 수 있는 방법이 있다면?", "네 한계를 극복할 수 있는 방법이 있다면?" 같은 다양한 질문을 활용할 수 있다.

세 번째는 보다 많은 성과를 이루기 위하여 자신의 능력을 개발하거나 새로운 능력을 배우게 하는 것이다. 예를 들어 부모가 "어떤 능력을 개발하면 지금보다 10배 성과를 올릴 수 있겠니?"라는 질문을 던진다면 자녀는 "영어를 반에서 일등이 아니라 전교에서 일등을 하려면 디스커버리 채널을 보면서 영어 청취력을 향상시키면 될 것 같아요"라고 대답할 수 있을 것이다.

__ 저지르기 쉬운 실수들

노력 확장하기 코칭 기술을 사용할 때 부모가 저지르기 쉬운 일반적인 실수는 자녀가 할 수 없다고 섣불리 판단하는 것이다. 만약 부모가 믿어주지 않는다면 자녀는 누구에게 신뢰를 받을 수 있겠는가? 자녀를 위한 최대의 응원은 어떤 칭찬의 말보다 "나는 네가 충분히 그렇게 할 수 있다고 믿어"라는 부모의 말 한마디이다. 이에 자녀는 열심히 분발하여 더욱 많은 성과를 이룰 수 있다.

또한 자녀에게 압박을 가하거나 어떤 단순한 행동만을 요구할 때에도 코칭의 효과가 반감된다. 코칭을 하는 목적은 자녀 스스로 주도적이고 창의적으로 문제를 해결할 수 있도록 도와주는 것인데 부모의 압박은 다른 가능성을 막아버리는 결과를 초래한다. 자녀가 '잔소리'로 받아들일 수 있는 단순한 행동 요구도 삼가야 한다. 그보다는 부모와 자녀 상호간에 감정과 의도가 막힘없이 통할 때 자녀 스스로 더 많은 성과를 거둘 수 있다.

지금까지 노력 확장하기 코칭 대화 기법에 대해서 살펴보았다. 여기에는 노력을 배가하고, 더 효과적인 방법을 찾고, 더 나은 목표를 위해 노력을 재배치하는 것이 포함된다. 코칭 후에 자녀는 더 많은 노력을 기울일 뿐만 아니라 노력을 효율적으로 투입할 수 있게 될 것이다.

> 이번 장의 기본 질문과 다양한 활용법을 실제 자녀와의 대화에 적용해보고 최소한 5가지 사례를 적어보자. 이 과제를 통해서 자녀가 동일한 노력으로 더 많은 성과를 낼 수 있는 동기를 부여할 수 있을 것이다.

6일

후회 없는 선택을
이끌어내는 대화기술

가장 중요한 것을 깨닫게 하라

우리 자녀들은 대개 자신에게 중요한 것이 무엇인지 모르기 때문에 일에 쫓긴 채 막연한 희망에 의지해서 살아간다. 이럴 때 '중요한 것 찾아내기 코칭'은 자녀에게 무엇이 중요한 것인지 인식하는 법을 알려준다. 코칭 후 우선순위가 분명해지면 중요한 것을 위해 삶을 조정하여 거기에 집중할 수 있게 된다.

  이 코칭 기술의 기본 질문은 "요즘 어려운 것이 있다면 무엇이니?"이다. 자녀의 대답을 통해 아이에게 지금 혼란을 주는 것이 무엇인지, 무엇 때문에 우선순위를 매기는 데 어려움을 겪고 있는지, 어떤 일에 쫓기고 있는지에 대해서 알아볼 수 있다. 그리고 "어떤 상태가 되면 만족할 수 있겠니?"라는 질문은 자녀가 생각하는 성공 기준 내지는 행복할 수 있는 요소를 찾아낼 수 있다. 이와 같은 것들이 중요한 이유는 자녀에게 있어서 자신의 성격, 동기를 부여하는 것, 소중히 여기는 가치 같은 핵심 요소들이 될 수 있기 때문이다. 또한 "그 만족 기준에 도달했을 때 너에게 어떤 유익이 있겠니?"라는 질문은 자녀의 '동기 가치'를 밝히는 데 유용하다. 동기 가치란 내가 어떤 일을 했을 때 만족하고 기쁜 것을 말하므로 그 일을 하는 진짜 이유라고 할 수 있다.

__ 가치를 깨닫게 하라

중요한 것 찾아내기 코칭 기술을 사용할 때 자녀의 가치를 알아보는 일은 매우 중요하다. 가치란 자녀의 욕구나 감정 이면에 있는 이유이기 때문이다. 예를 들어 경찰이 되고 싶은 아이의 내면을 들여다보면 다른 사람들의 잘못을 고쳐주고 싶다는 가치가, 또 외교관이 되고 싶은 아이의 내면에는 새로운 것을 경험하고 싶다는 가치가 있을 수 있다. 이와 같은 가치는 목적 가치, 수단 가치, 동기 가치로 분류된다.

목적 가치는 내가 성취하기를 원하는 가치로서 "어려운 이웃을 돕고 싶어요.", "평화로운 세상을 만들고 싶어요."와 같은 말에 잘 나타난다. 즉, 세상에 어떤 기여를 하고 싶으냐는 것이다. 수단 가치는 목적 가치를 이루기 위한 수단으로서 만약 목적 가치가 어려운 이웃을 돕고 싶은 것이라고 한다면 수단 가치는 부자가 되어서 돈으로 어려운 이웃을 도울 것인지, 의사가 되어서 의술로 도울 것인지, 혹은 대통령이 되어서 복지정책을 잘 펴으로써 도울 것인지 중에 어떤 수단에 가치를 두고 있느냐를 물어보는 것이다. 동기 가치는 내면의 가치로서 왜 그 일을 하고 싶은가를 설명해준다. 어려운 이웃을 어떤 수단으로든 돕고 싶은 이유가 '보람을 느끼고 싶어서'라면 이 자녀의 동기 가치는 '보람을 느끼는 것'이다. 이 자녀에게 "보람을 느낄 수 있는 다른 일은 무엇이니?"하고 물어봐준다면 자녀는 자신의 동기 가치에 더 부합하는 다른 일도 할 수 있을 것이다. 만일 어려운 이웃을 돕고 싶은 진짜 이유가 보람이 아니라 다른 사람에게 인정받고 싶은 것이라고 한다면 이 자녀의 동기 가치는 '다른 사람에게 인정받는 것'이다.

무엇보다 자녀의 동기 가치를 찾아주는 것이 중요하다. 동기 가치를 찾은 자녀는 무슨 일을 하든지 스스로 우선순위를 정하여 핵심에 집중할 수 있기 때문이다.

선택의 기로에 서 있는 자녀를 주목하라

지금 자녀에게 두 가지 이상의 일이 동시에 발생했는데 어떤 것을 선택해야 할지 갈피를 잡지 못하거나 일관되게 말하고 행동하지 못하고 뭔가 모르게 불일치하게 보이거나 어떤 것에 대해서 저항한다고 느낀다면 이 대화 기술이 도움이 될 것이다. 이와 같은 현상은 자녀가 자신의 가치 및 중요한 것에 대해 충분히 인식하지 못했다는 신호로 볼 수 있다.

"네가 성공했다고 믿는 기준이 무엇이니?"와 "네가 원하는 결과는 무엇이지?"라는 질문은 자녀의 성공 기준과 진짜로 얻기를 원하는 결과를 확인시켜준다. 자녀에게 그 일이 어떤 의미를 갖는지 알아보고 싶다면 "그것을 원하는 이유가 무엇이니?"라고 질문할 수 있다. 대부분의 경우 막연하게 하고 싶다는 생각에서 그칠 뿐 이렇게 구체적으로 내가 원하는 성공 기준과 결과, 의미에 대해서는 생각하지 않기 때문에 작은 변화에도 혼란을 겪게 되거나 일에 쫓기고 우선순위가 되어야 할 핵심 가치를 놓치게 된다.

자녀가 해야 할 일이 둘 이상일 때는 현재 가장 중요한 것을 발견하고 선택하도록 도와주어야 한다. "그렇게 할 때 너에게 어떤 유익이 있겠니?", "그것을 통해서 얻게 될 새로운 기회가 있다면 무엇이겠니?"라고 물어보면 자녀는 고민의 대상들 각각이 자신의 동기 가치와 얼마나 맞는지 평가한 후 결정할 수 있다. 동시에 발생하는 일 중에서 중요한 것을 선택할 수 있게 되었다면 그 다음에는 "그것을 언제 하면 가장 좋을까?"라고 효과적인 시간에 대해 질문함으로써 당장 해야 하는 일부터 실행할 수 있게 한다.

__부모의 관심으로 자녀가 변화한다

❶ 자녀의 활동을 촉진시킨다.
❷ 성공으로 행동을 전환한다.
❸ 부모와 자녀가 동반자 위치에 있게 한다.
❹ 급히 처리해야 하는 문제를 줄인다.

일상생활 속에는 사실 별로 중요하지 않지만 긴급하다고 느껴져서 혼란을 일으키고 산만하게 만드는 요소들이 있게 마련이다. 중요한 것 식별하기 코칭 기술을 사용함으로써 예상되는 결과는 그런 요소들부터 효과적으로 벗어날 수 있게 되는 것이다. 또한 의미 있는 일을 선택하여 먼저 행동을 취하는 방향으로 전환하게 도와주기 때문에 자신감을 고취하고 성공 가능성을 높인다. 이 기술을 통해서 부모와 자녀는 내면의 가치에 대해 서로 공감대를 형성할 수 있으므로 동반자 관계가 단단해진다. 아울러 일을 처리하는 데 있어서 모든 문제를 한꺼번에 처리하려고 시도하거나 작은 일을 처리하는 데 큰 에너지를 사용하지 않을 수 있기 때문에 급히 처리해야 하는 문제가 줄어든다.

저지르기 쉬운 실수들

이 기술을 사용할 때 일반적으로 저지르기 쉬운 실수들이 몇 가지가 있다. 첫째, 각 단계마다 자녀에게 중요한 것을 심층적인 질문을 통해 알아보아야 하는데 빨리 처리하려는 목적으로 쉽게 넘어가는 것이다. 그러면 정말 중요한 것을 잡아내는 대신에 피상적인 이유를 중요한 것으로 착각하게 된다.

둘째, 중요한 것이 아니라 자녀가 관심 있어하는 것에 마음을 빼앗길 수 있다. 예를 들어 학교에서 돌아와 컴퓨터 게임을 하고 있는 자녀를 바라보면서 '우리 애는 컴퓨터 게임을 중요시 여기고 있어.'라고 쉽게 생각해버린다. 그럴 때는 "컴퓨터 게임을 하면 어떤 면에서 너에게 유익하지?"라고 질문해보자. 자녀는 "공부하면서 받는 스트레스를 풀 수 있고 재미있잖아요."라고 대답할 수 있는데, 여기서 스트레스 해소와 재미 추구가 컴퓨터 게임을 하는 진짜 이유임을 알 수 있다. '재미'가 동기 가치라는 것을 확인한다면 그것이 반드시 컴퓨터 게임일 필요는 없다. 부모는 "혹시 신나게 스트레스를 푸는 데 컴퓨터 게임 말고 다른 게 있을 수 있을까?"라고 물으며 다른 대안을 찾도록 유도할 수 있다.

셋째, 단지 중요한 것을 식별하는 데 그치고 그 중요한 것을 유지하기 위한 환경을 만들지 않으면 다시 혼란스럽고 일에 쫓기는 코칭 전의 상태로 돌아갈 수 있다. 코칭이 다른 대화와 다른 점은 새로운 시각과 인식을 갖게 도와줄 뿐만 아니라 이를 바탕으로 실제로 변화하고 성장할 수 있도록 후원 환경을 조성한다는 데 있다. 예를 들어 자녀에게 새로운 것을 경험하는 일이 중요하고 가치 있는 일이라면 실제로 그런 경험을 계속적으로 할 수 있도록 환경을 조성해주어야 한다.

넷째, 부모가 문제를 외면하고 용감해지지 않는 것이다. 자녀에 대해 안다는 것은 때로 아이가 압박을 느끼거나 두려워하는 부분까지 들어가야 한다는 것을 의미한다. 만일 자녀가 두려워하는 부분이 있다면 그것은 어떤 의미로는 매우 중요하다. 아이가 움츠러들거나 숨기려 하더라도 부모는 사랑과 끈기로 내면의 문을 열 수 있어야 한다.

지금까지 중요한 것 찾아내기 코칭 기술에 대해서 살펴보았다. 이 코칭 기술은 자녀가 여러 가지 일에 치여 있거나 어딘가 불일치하고 저항하는 모습을 보일 때 사용하면 유용하다. 스스로 핵심 가치를 파악할 수 있도록 성공 기준이나 꼭 원하는 결과는 무엇인지, 그 일이 자녀에게 어떤 의미가 있는지 질문해보자. 또한 핵심 가치 혹은 동기 가치를 알았다면 자녀 앞에 놓인 둘 이상의 일을 놓고서 각각 어떤 유익이 있는지, 얻게 될 기회는 무엇인지, 언제 하면 가장 좋을지 등을 질문하여 정말 중요한 것을 식별하도록 도울 수 있다.

> 이번 장의 기본 질문과 다양한 활용법을 실제 자녀와의 대화에 적용해보고 최소한 5가지 사례를 적어보자. 이 과제를 통해서 자녀가 진정으로 중요한 가치를 인식하고 거기에 집중하는 삶을 살도록 도울 수 있을 것이다.

7일

자녀를 챔피언으로 만드는 대화기술

삶을 에너지로
가득 채우게 하라

우리 자녀들은 성취감보다는 '내가 무엇을 할 수 있겠어' 하는 패배감을 느끼며 살아갈 때가 더 많다. 이번 장에서 배울 '챔피언 만들기 코칭'은 회의에 차고 정체된 삶을 확신 있고 활력 넘치는 삶으로 변화시키는 기술이다. 부모와 하나가 되는 느낌을 통해 자녀는 자긍심을 갖게 된다.

"요즘 네가 성장한 일이 있다면 무엇이니?"라고 질문한다면 대개의 경우 '성장'이라는 것에 대해 잘 생각해보지 않았기 때문에 쉽게 대답하지 못할 것이다. 그럴 때는 다시 한 번 "요즘 흥분할 만한 일이 있다면 무엇이니?", "근래 주위에서 어떤 칭찬을 들었니?", "최근에 삶에 변화가 있었다면 무엇이니?" 같은 구체적인 질문으로 자녀가 자신을 성장시키고 변화시킨 것이 무엇일까 생각해보고 스스로 대견한 마음이 들도록 유도할 수 있다.

　자긍심을 갖게 된 자녀에게 "무엇이 너를 성장하게 만들었지?"라고 두 번째 질문을 할 수 있다. 이 질문은 자녀가 그렇게 성장하게 된 에너지의 근원에 대해서 질문하는 것으로, 내 안에 충분히 성장하고 성공할 수 있는 잠재력이 있다는 사실을 스스로 깨닫게 도와주는 것이다. "글쎄요, 제 안에 남들보다 뛰어나고 싶은 야망이 있나 봐요."라고 대답했다면 자녀 스스로 성장의 원동력이 된 야망에 대해 의식했기 때문에 코칭 후에는 그것을 더욱 성장을 위한 에너지로 활용할 수 있게 된다. 그 밖에도 "어떤 삶의 에너지가 그런 변화를 만들었니?", "무엇이 그런 흥분을 경험하게 했니?" 등 다양한 방식으로 내부 에너지의 근원에 대해 질문할 수 있다.

　세 번째로 "그것이 너에게는 어떤 의미니?" 혹은 "그것이 너의 삶에 어떤 중요성을 가지니?"라고 질문함으로써 성장이 자녀의 어떤 가치와 연관이 있는지 확인해주는 작업이 필요하다. 자녀의 성장이 일순간의 것이 아니라 장기적으로 지속되기 위해서는 반드시 내면의 가치와 연결되어야 한다. 그렇지 않다면 자녀의 변화는 부모의 성화에 못 이겨 한번 그런 척했던 것으로 일회적인 사건의 성격을 벗어날 수 없을 것이다. 부모의 타율적인 권고에 의해서가 아니라 자신의 내면의 가치로부터 동기 부여를 받을 때 자녀는 더욱 열심히 노력하게 된다.

마지막으로 "그와 같은 구체적인 사례가 있니?"라고 질문해줌으로써 성장과 가치의 연결을 사례로 뒷받침하는 것은 앞으로 더 많은 성장과 변화를 위한 토양이 될 수 있다. 아주 작은 사례라도 커다란 동기 부여와 에너지가 될 수 있기 때문이다.

자녀를 챔피언으로 만들지 못하는 이유

일반적으로 자녀 챔피언 만들기에 실패하는 경우는 자녀의 감정을 잘 들어주지 않고 쉽게 판단하고 충고할 때이다. 우울한 얼굴로 들어온 자녀에게 "너 또 뭔가 잘못해서 학교에서 혼났구나. 내가 평소에 똑바로 하라고 그랬잖아. 내 말을 안 듣고선……' 이라고 말한다면 정말 지금 자녀가 어떤 기분인지, 또 어떤 문제 때문에 기분이 안 좋은지 절대로 알 수 없을 뿐만 아니라 오히려 자녀와 거리만 멀어진다.

반대로 "네 얼굴이 왜 그러니? 무슨 안 좋은 일 있었어? 많이 우울해 보여. 엄마는 네가 행복하기를 바라기 때문에 네 우울한 얼굴을 보면 걱정된단다" 하고 부모의 감정과 의도를 표현하면서 자녀의 이야기를 들을 준비가 되어 있음을 알려주면 자녀는 부모와 감정적으로 연결되어 안도감을 느낄 뿐만 아니라 자신의 문제에 대해서 부모를 믿고 상담하게 된다.

또한 이 기술을 사용함에 있어서 기억할 점은 '선先인식 후後칭찬'이다. 자녀 스스로 그렇게 생각하지 않는데 "너는 착한 아이야. 누가 뭐래도 너는 착한 아이야. 그것은 내가 보증해" 하고 아무리 부모가 입에 침이 마르도록 칭찬한다고 한들 자녀에게는 전혀 동기가 부여되지 않는다. 자녀 스스로 자신의 성장한 부분에 대해서 생각하게 한 다음 무엇이 그렇게 성장하도록 동기를 부여했는지 살펴보는 과정이 필요하다. 따라서 부모는 칭찬을 하기 전에 자녀가 스스로를 대견하게 생각하고 성취감을 느끼고 있는지 확인해야 한다.

당신의 자녀도
챔피언이 될 수 있다

이 기술을 다양하게 활용하기 위해서는 먼저 자녀에게 의미 있는 것을 확인하는 것이 필요하다. 먼저 중요한 변화나 성장에 대해 물어볼 수 있는데, "요즘 좋아지고 있는 것이 있다면 무엇이니?", "최근에 삶에 변화가 있다면 무엇이니?" 같은 질문이 있다. 만약에 자녀가 "친구들과 사이가 좋아졌어요"라고 대답을 한다면 "그것은 네 가치와 어떤 연관을 갖고 있니?"라고 자녀의 내면의 가치를 확인하는 질문을 할 수 있다. 이와 같은 질문이 처음에는 자녀에게 어렵게 느껴질지 몰라도 계속 대화하다 보면 자녀 스스로 쉽게 바뀌지 않는 장기적인 가치를 확인하게 되고, 그에 따른 변화나 성장을 확인하는 과정에서 동기를 부여받을 수 있다. 예를 들어 "아마도 나는 다른 사람들과 갈등 없이 친하게 지내는 데 가치를 두고 있나 봐요. 많은 친구들과 가볍게 사귀는 것보다 몇몇 친구들과 깊게 사귀는 것을 더 좋아하는 것 같아요"라고 대답한 자녀는 자신의 인관관계 스타일이나 가치를 확인할 수 있고 이후로는 그 가치에 맞게 인간관계에 긍정적인 변화를 꾀할 수 있게 된다.

"그러면 그것이 네가 하는 일에 어떤 영향을 미칠 수 있다고 생각하니?"라고 질문한다면 자녀는 친구를 깊게 사귀는 자신의 가치가 삶의 전반적인 영역에 어떤 영향을 미칠지 폭넓게 적용해볼 수 있다. "아마 공부도 같이 하고 놀 때도 같이 놀고 졸업해서도 친구로 남고 싶을 거예요.", "평생 친구가 될 수 있을 것 같아요."라고 대답했다면 자녀는 소수의 친구들과 더 각별히 사귈 수 있는 계기를 마련하기 위해 노력할 것이다.

만약에 자녀가 "나는 혼자서 계획을 세우는 데 가치를 두고 있어요. 그래서 이번 과제물을 잘할 수 있었던 것 같아요"라고 말한다면 부모는 "그러면 그것이 앞으로 네 장래에 어떤 영향을 미칠 것 같아?"하고 물을 수 있다. "아! 아마도 나는 연구소에 들어가거나 학자가 되는 것이 스타일에 맞는 것 같아요"라고 자녀가 대답했다면 최고의 기량을 발휘할 수 있는 여건을 조성하여 스스로 성공을 설계해보도록 이끌어낼 수 있을 것이다.

__ 성급하게 다음 단계를 요구하지 마라

챔피언 만들기 코칭 기술을 사용할 때 두 번째로 주의할 사항은 성급하게 다음 단계를 요구하지 말라는 것이다. 충분히 현재의 성공을 축하하고 즐거움을 만끽할 수 있도록 여유를 주는 것이 중요하다. 시험에 100점을 맞고 돌아온 자녀에게 "네가 수고한 것은 알지만 다음에도 100점 맞을 수 있도록 자만하지 말고 공부해라"라고 부모가 말한다면 자녀는 기쁨을 누릴 새도 없이 공부해야 한다는 의무감에 사로잡힌다. 그보다는 "와, 이번 시험 100점 맞았네. 기분이 어떠니?" 하고 기분을 물어봐주고, "음, 무엇 덕분에 네가 100점을 맞을 수 있었을까?"라고 질문한다면 자녀는 "아마도 제가 엄마를 닮은 것 같아요. 한번 하겠다고 다짐을 하면 끝까지 하거든요" 하며 자축하고 즐거워할 수 있을 것이다.

부모의 축하는 그 다음이다. "그래, 엄마도 진심으로 축하한다. 우리 아들이 한번 하겠다고 하면 하는구나. 나는 네가 정말 잘해내리라 믿었어"라고 말해주는 것이다. 그런데 여기서 중요한 것은 자녀가 당신을 믿고 있다는 사실을 확인해야 한다는 점이다. 엄마는 허투루 칭찬을 하는 사람이 아니라 진짜 칭찬할 만해야 칭찬한다는 사실을 인식시켜주는 것이 중요하다. 그냥 결과에 상관없이 말치레로 "잘했어, 잘했어" 하는 식이라면 진짜 성공을 이루는 데 엄마의 칭찬은 그리 도움이 되지 않을 것이다. 진심어린 칭찬만이 자녀를 행복하게 만들며 더욱 분발시킬 수 있다.

자녀와 변화의 놀라움을 공유하라

　세 번째 활용법은 부모의 도우려는 의지와 흥분, 놀라움을 나누라는 것이다. "내가 너를 돕고 싶은데 어떻게 도와주면 좋겠니?"라고 물어주면 자녀는 부모가 자신을 돕는다는 생각에 든든한 응원군을 얻은 기분일 것이다. "엄마는 무슨 일이 있어도 네 편이야. 도움이 필요하면 말해."라는 말을 들은 자녀는 어디 가서나 항상 부모를 의지할 대상으로 생각할 수 있다. 이렇듯 자녀는 부모가 사랑을 표현해줄 때 만족하고 격려 받을 수 있다.

　또한 부모의 감정을 나누는 것도 중요하다. 학교에서 상을 타 온 딸에게 엄마가 "와, 놀라운걸. 우리 소미가 대단한 일을 했구나.", "동네 사람 불러다가 잔치해야 되겠네. 언제 이만한 실력을 쌓았니?" 하고 칭찬한다면 어깨가 으쓱할 것이다. 자녀는 부모가 기뻐하는 것을 느끼면 쑥스러워하다가도 금세 동기가 부여되어 다음에 더 잘하리라고 결심하게 된다.

　지금까지 챔피언 만들기 코칭 기술에 대해서 살펴보았다. 이처럼 부모가 자녀의 의미 있는 변화나 성장, 내면의 가치를 확인해주고 성공에 대해 흥분하고 놀라움을 표시할 때, 그것이 동기 부여가 되어 자녀는 다음번에 더 잘하고 싶은 의욕이 넘치는 챔피언이 될 수 있다.

> 이번 장의 기본 질문과 다양한 활용법을 실제 자녀와의 대화에 적용해보고 최소한 5가지 사례를 적어보자. 이 과제를 통해서 자녀는 부모와 감정이 일치하였음을 느끼고 자긍심을 갖게 될 수 있을 것이다.

8일

'실패'를 '가능성'으로 변화시키는 대화기술

실패를 딛고 이겨낼 수 있는
강력한 힘을 심어줘라

이번 장에서는 우리 자녀들이 실패할 때나 좌절할 때 오히려 그 실패를 통해 생긴 새로운 가능성이나 기회를 보게 해주는 기술을 배워보자. 모든 상황에는 마이너스 요인만 있는 것이 아니라 플러스 요인도 있음을 알려주는 것이다. 코칭 전에 자녀가 자신의 실패에 대해서 저항하고 또 나만 그런 실패를 당하는 것 같다는 억울함을 느끼면서 자신과 환경을 비난하는 모습을 보였다면, 코칭 후에는 실패 뒤에 찾아오는 새로운 가능성이나 기회를 봄으로써 그 실패 자체를 긍정적으로 수용하고 그것을 초월하여 활용할 수 있게 된다.

▭ 마이너스 결과를 플러스 경험으로 바꾸게 하라

자녀가 시험을 망쳤거나 좋아하는 이성친구에게 실연을 당한 경우 부모는 자녀를 위로해주면서 '완전함 인식하기' 코칭 기술을 사용할 수 있다. "이 고통을 통해서 어떤 교훈을 얻을 수 있었을까?"라는 질문을 던지면 처음에는 자녀가 고통에 몰입한 나머지 "무슨 교훈이 있을 수 있겠어요?" 하며 저항하고 회피할 수도 있다. 그럴 때는 감정의 완화를 위해서 현재 직면하고 있는 고통 말고 과거에 어떤 고통의 경험이 있었으며, 돌이켜 생각해볼 때 오히려 그 고통이 새로운 가능성이나 기회를 창출하게 해주었던 사례가 있는지 물어보면 도움이 될 수 있다. 자녀는 지나간 일이기 때문에 다소 주의를 환기할 수 있고 자신의 인생에서 없었으면 좋았을 것이라고 생각했던 경험을 긍정적으로 바라볼 수 있게 된다. "엄마 질문을 받고 생각해보니까 그때 친구들과 싸웠던 경험이 오히려 그 친구들과 더 허물없이 지내게 된 계기가 된 것 같아요.", "아! 내가 운동을 못해서 친구들로부터 별 인기가 없었는데 그것 때문에 더 열심히 공부해서 지금 공부를 잘하게 된 것 같아요." 등의 대답을 하는 과정에서 당시에는 잘 안돼서 속이 상했는데 오히려 예상치 못하게 좋은 결과를 얻은 사례들을 생각함으로써 지금의 고통을 직면할 수 있는 용기를 줄 것이다.

그러면 "지금 우리의 대화를 통해 인식하게 된 게 있다면 무엇이니?"라고 물어보자. "지금 이 고통에서도 나중에 생각하면 긍정적인 면을 찾을 수 있겠죠? 그럴 수 있게 엄마가 도와주세요" 하고 대답할 수 있다면 자녀는 실패나 고통의 경험을 삶의 일부로 인정하고 자신의 마이너스 경험을 플러스로 활용할 수 있게 된다.

모든 상황에서 완전함의 존재를 믿는다는 것

'완전함'이란 모든 고통, 실패, 역경 속에서도 새로운 가능성이나 기회가 있다는 것을 뜻한다. 이것을 믿기 위해서는 마이너스 경험 뒤에 플러스 요소가 있다는 것을 볼 수 있는 시각의 전환이 필요하다. 이렇게 모든 상황에서 완전함의 존재를 믿는다는 것은 첫째, 모든 사건의 배후에서 다른 가능성을 볼 줄 아는 능력이 있음을 의미한다. 만약 자녀가 불의의 사고로 다리가 부러져서 입원할 수밖에 없는 상황이라면 그와 같은 고통에도 완전함이 있다는 것을 믿게끔 도와주어야 한다. "이렇게 사고 나서 입원한 것이 고통스럽고 안타깝지만 오히려 이와 같은 고통이 너에게 준 유익이 있을까?"라고 질문한다면 자녀들은 처음에는 다른 가능성을 보기 힘들겠지만 점차 그 고통이 준 교훈을 "친구가 소중하다는 것을 알게 되었어요.", "부모님의 고마움을 더욱 깊이 느끼게 되었어요.", "교통 법규를 잘 지켜야 된다는 사실을 뼈저리게 느끼게 되었어요." 등으로 다양하게 표현할 수 있을 것이다.

둘째, 발견할 수 있는 상태로 들어가는 것이다. 이 코칭 기술을 사용할 때 중요한 것은 우리 자녀가 완전함을 발견할 수 있도록 부모가 좋은 안내자가 되어야 한다는 사실이다. 알려주는 것이 아니라 스스로 깨닫도록 이끌어주는 것이 중요하다.

셋째, 완전한 것이 있음을 진심으로 믿는 것이다. 성경에 나오는 "모든 것이 합력하여 선을 이룬다"라는 말씀처럼 과거의 부정적인 경험도 반드시 긍정적인 효과를 내는 에너지로 활용될 수 있음을 믿어야 한다.

넷째, 실패나 역경 뒤에 더 큰 진실이 있음을 아는 것이다. 실패는 실패만이 아니고 역경은 역경만이 아니라는 사실을 깨닫는 것이 큰 진실을 발견할 수 있는 단초가 될 수 있다. 이 기술을 통해서 더 큰 진리가 무엇인지 발견하도록 도움을 줄 수 있다.

고통의 이면에 존재하는
가능성을 보게 하라

이 기술을 다양하게 활용하기 위해서는 우선 현재 고통 이후를 바라보게 하는 과정이 필요하다. 예를 들어 학교 반장 선거에서 떨어진 자녀의 속상한 마음을 충분히 들어주고 위로한 다음 "이번에 놓친 기회를 통해 오히려 어떤 것을 얻었다고 생각하니?"라고 질문하면 처음에는 어렵게 생각하다가도 "아, 친구들이 많이 위로해주어서 친구를 새롭게 얻게 된 것 같아요"라고 대답할 수 있다. 또한 "그것이 주변 사람에게 유익이 되었다면 어떤 것이 있을까?" 하는 질문도 던질 수 있다. 아이는 "내가 아니라 철수가 반장이 되었으니까 철수만이 할 수 있는 유익한 일을 우리 반 친구들이 누릴 수 있을 것 같아요" 하고 대답할 수 있을 것이다. 물론 이렇게 성숙한 태도로 자신의 실패를 인정하는 것은 쉬운 일이 아니다. 그러나 자녀가 자신이 처한 상황을 빨리 인정할수록 좋지 않은 상황조차도 자신의 성장을 위해 활용할 수 있게 된다. 그러므로 부모는 비록 아픔이 있고 감정을 처리하는 데 시간이 걸리겠지만 현실을 빨리 인정할 수 있도록 도와주는 것이 필요하다. 그리고 곧바로 "네가 반장이 되지 못해 오히려 새로운 가능성이 생겼다면 그건 무엇일까?"라고 물어주면 자녀는 의외의 새로운 돌파구를 찾을 수도 있게 된다. 예를 들어 "아! 반장이 아니니까 전교 회장에 출마할 기회가 생겼다고 볼 수 있겠네요"라고 대답했다면 스스로 새로운 가능성을 훌륭하게 모색한 것이다.

두 번째는 즉각적인 손실을 인식하게 한 이후 오히려 그것을 통해 얻은 유익을 생각해보도록 도와줄 수 있다. 이성친구와 헤어진 자녀의 감정을 충분히 듣고 위로해준 다음 "그 친구와 헤어져서 오히려 얻은 것이 있다면 무엇이라고 생각하니?"라고 질문하면 슬픔을 극복하고 슬픔 뒤에 있는 이면, 새로운 가능성을 보도록 도와줄 수 있다. 자녀는 슬픔을 훌훌 털어버리며 "다른 더 멋진 이성친구를 사귈 수 있는 가능성이 생긴 것 같아요"라고 대답할 수도 있다. 또한 친한 친구와 싸워 우울한 자녀에게 "지금 갈등을 통해 어떤 교훈을 얻을 수 있을까?"라고 묻는다면 주변의 관계를 돌아보고 앞으로는 그런 갈등을 미연에 피할 수 있도록 대안 마련을 도울 수 있을 것이다.

새로운 가능성의 존재를 알게 하라

'완전함 인식하기' 코칭 기술은 '분별하기' 작업을 통해서 더 다양하게 활용될 수 있다. 첫 번째로 "만약 그 사건이 없었으면 네 삶이 어떻게 달라졌을까?"라고 질문하면 자녀는 그 실패 경험이 궁극적으로 자신의 삶에 기여했다는 또 다른 진리를 깨달을 수 있다. 만약 대입 시험에 낙방한 자녀가 있다면 "이런 경험이 네게 없었더라면 삶이 어떻게 바뀌었을까?"라는 질문에 "별 문제 없이 대학에 다닐 수 있었을지는 몰라도 이만큼 성숙하지 못했을 것 같아요. 철저한 준비가 필요하다는 것도 깨닫게 되었으니 그 실패가 저에게 많은 유익이 되었던 것 같아요"라고 대답할 수 있을 것이다.

두 번째는 '역동성'에 대한 것이다. 피아노 경연대회에서 아깝게 수상을 놓친 자녀에게 "왜 너는 수상할 수 있는 기회를 놓친 것을 아쉬워할까?"라고 묻는다면 자녀는 곰곰이 생각하며 "피아노를 치면서 다른 사람들로부터 인정받기를 원했던 것 같아요. 그래서 이번에 상을 탔으면 하고 바랐는데 못 타서 아쉬움이 컸어요"라고 대답할 수 있다. 그럴 때 "그러면 다른 사람들로부터 인정받기를 원하는 마음을 채울 수 있는 다른 방법은 없겠니?"라고 질문한다면 "비록 피아노 경연대회에서 수상을 하지는 못했지만 가까운 친구들을 초대해서 작은 연주회를 하면 좋을 것 같아요" 하고 대답할 수 있을 것이다. 이처럼 자녀가 자신의 욕구를 다른 방식으로 채울 수 있는 대안을 스스로 찾을 수 있게 하는 것이 역동성을 발휘하는 작업이다.

세 번째는 새로운 가능성의 근원을 찾는 것이다. 자녀가 "현재 고통을 통해 얻은 교훈은 무엇이니?"라는 질문에 대답하며 스스로 자신의 실패 이면에 있는 새로운 가능성을 찾았다면 이번에는 "그런 가능성의 근원은 어디에 있다고 생각하니?"라고 질문함으로써 자녀 내면의 삶의 근원을 찾아주고 동기 부여를 할 수 있다.

부모가 자신의 곁에 있다는 사실을 인식시켜라

이 기술을 다양하게 활용하기 위해서는 무엇보다 부모가 자녀와 함께하고 있다는 사실을 인식시켜야 한다. 만약 자녀가 친구와 싸워서 다시는 그 친구를 보지 않기로 다짐했다면 부모는 "오, 그럴 수도 있겠구나. 충분히 그렇게 하고 싶은 마음이 들 거야" 하며 일단 자녀의 감정을 받아주는 것이 중요하다. 자녀는 부모가 자신을 쉽게 판단하거나 충고하지 않을 때 마음을 열고 또 다른 가능성이나 기회에 대해서 자유롭게 생각할 수 있게 된다.

또한 부모는 자녀와 대화할 때 자신의 짜증나고 화나는 감정을 잘 처리할 수 있어야 한다. 그래야 자녀의 거울이 되어서 자녀 스스로 해결책을 찾을 수 있도록 도울 수 있다. 만약 "얘, 너는 애가 왜 그러니? 그 친구를 보지 않으면 어떻게 할 건데?"라는 식으로 윽박지르며 비난할 경우 자녀는 마음을 닫아걸고 자신의 기분을 이야기하려 하지 않을 것이다. 부모가 자녀의 감정에 공감한 뒤에 비로소 자녀에게 고통스럽기만 한 실패를 바라보는 새로운 시각을 갖도록 도울 수 있다.

지금까지 '완전함 인식하기' 코칭 기술에 대해서 살펴보았다. 이처럼 부모는 자녀가 실패 이후를 바라보게 하여 놓친 기회와 즉각적인 손실이 오히려 새로운 가능성이 되기도 한다는 것을 알도록 도와주어야 한다. 부정적 경험 속에서도 긍정적 요소를 찾을 수 있다는 완전함을 인식시키기 위해서는 함부로 비판하는 대신 자녀의 감정과 의도를 깊이 공감해주는 것이 무엇보다 중요하다.

> 이번 장의 기본 질문과 다양한 활용법을 실제 자녀와의 대화에 적용해보고 최소한 5가지 사례를 적어보자. 이 과제를 통해서 자녀가 마이너스가 되는 경험 속에서 플러스의 요소를 찾아 자신의 실패를 극복하도록 도울 수 있을 것이다.

9일
자신을 사랑하는 아이가 되게 하는 대화기술

자녀의 한계를 무시하지 마라

　사람은 모두 내적으로나 외적으로 한계를 가지고 있다. 우리 자녀 또한 마찬가지인데 부모가 자녀의 한계를 존중하지 못하고 쉽게 판단하고 충고하기를 반복한다면 관계가 소원해질 것이다. 이번 코칭에서는 부모가 자녀를 무시하고 부모의 뜻대로 몰아가는 것이 아니라, 자녀가 한계를 가지고 있음에도 그것을 존중하고 스스로 실행하도록 도울 것이다.

　자녀가 많이 우울하고 기분이 안 좋아 보일 때 그것이 자녀 고유의 최소치 혹은 단점에서 비롯된 문제라고 직감적으로 느낀다면 이 코칭 기술을 사용할 수 있다. 기본 질문은 "남들과 다른 너만의 최소치가 있다면 무엇이니?"인데, 이 질문을 통해 자녀는 자신의 최소치에 대해서 말로 표현함으로써 자신의 일부로 수용할 수 있는 첫 단계를 밟게 된다. 여기서 중요한 것은 부모가 "너는 왜 그러니?", "이것도 하나 제대로 못해?", "그래 가지고서 무슨 일을 제대로 할 수 있겠어?" 같은 말로 쉽게 비판을 가해서는 안 된다는 것이다. 자녀의 최소치를 인정하고 수용해주어야 자녀는 자신의 약점에도 불구하고 존중받는다는 느낌을 가질 수 있다.

자녀의 최소치는 '참아야' 하는 대상이 아니라 '수용해야' 하는 대상이라는 점을 유념하자. 참는 것은 비교적 쉽게 할 수 있다. 자녀의 최소치를 참아주며 '언젠가는 내가 꼭 고쳐주어야지' 하고 생각한다면 이것은 '인간애 존중하기' 코칭 기술이 아니다. 반면에 수용한다는 것은 단점을 그냥 인정해주고 즐기는 것이다. 자녀를 아끼는 마음이 클수록 이것이 쉬운 일은 아니지만 자녀가 자신의 문제를 편안하고 솔직하게 털어놓기를 바란다면 꼭 지켜야 하는 일이다. 어떻게 해서든지 단점을 고치고 말겠다는 부모에게 마음을 열 수 있는 자녀는 그렇게 많지 않을 것이다.

두 번째 질문은 "지금 포기하고 있는 것이 있다면 무엇이니?"이다. 자녀가 현재 '도저히 할 수 없어'라고 느낀다면 무엇이 문제인지 질문해주고 답변에서 드러난 자녀의 심정을 이해하고 수용해주라는 것이다. 코칭에서 가장 중요한 것은 '현재를 즐기기'이다. 많은 경우 과거에 대한 후회와 미래에 대한 불안으로 현재를 즐기며 살아가지 못한다. 역으로 현재를 즐기지 못할 때는 후회와 불안 역시 늘어날 수

밖에 없다. 즉, 현재를 충분히 느끼고 살아갈 수 있을 때 미래의 새로운 기회를 창출하고 잠재된 가능성을 발휘할 수 있다.

세 번째 질문은 "지금은 실패했지만 미래에 소원이 있다면 어떤 것이니?"이다. 눈으로 보이는 결과에 대해서 가타부타 말하는 것은 쉬운 일이다. 그러나 결과가 안 좋아도 내면에 있는 열정을 존중해줄 때 자녀는 다시 한 번 힘을 낼 수 있다.

_ 참는 것과 존중하는 것의 차이를 구분하라

'인간애 존중하기' 코칭 기술의 핵심은 첫째, 참는 것과 존중하는 것의 차이를 구분하는 것이다. 앞에서도 참는 것과 수용하는 것의 차이를 말했지만, 참는 것은 부모가 자녀를 부모 기준에 맞추기 위해서 기다리는 것에 불과하다. 반면에 존중하는 것은 자녀의 한계를 수용하고 자녀의 인격과 그 외 모든 것에 경의를 표하는 것이다. 자녀들은 그들의 인격적인 한계로 어려움에 처했더라도 옹호해주는 사람이 있다는 것을 느낄 때 비로소 도전하는 것에 대한 두려움을 느끼지 않을 수 있다.

둘째, 자녀를 존중하면 자녀와 더욱 깊은 관계로 발전할 수 있다는 것이다. 부모와 자녀 간에 장벽이 사라지고 거리가 줄어든다. 자녀는 보호받고 있다는 느낌 때문에 더 빨리 변화할 수 있게 된다.

셋째, 자녀의 속도와 스타일, 소원을 존중하는 것이다. 자녀는 부모의 속도가 아니라 자기 속도대로 성공하기를 원한다. 자녀를 존중한다는 의미는 내 아이만의 속도, 스타일, 소원을 존중한다는 것이다. 그렇지 않고 부모의 생각을 자녀에게 강요한다면 자녀는 자기 삶이 아닌 부모의 삶을 사는 것이 아닌가 하고 강한 스트레스에 시달리다가 끝내는 저항하게 된다. 부모의 역할은 자녀가 자신의 방식대로 삶을 이끌 수 있도록 도와주는 데서 끝나야 한다.

자녀가 갖고 있는 모든 것을 존중하라

이 기술을 활용하기 위해서는 우선 자녀의 한계를 존중하는 것이 필요하다. 이러한 한계로는 독특한 성격이라든지 타이밍에 대한 감각, 진행하는 속도 같은 것을 들 수 있다. 온통 집안에 낙서를 하는 어린 자녀에게 "너는 왜 그렇게 집안을 어지럽히니?"라고 말하는 대신 자녀의 잠재력과 재능에 대한 궁금증을 갖고서 "왜 온 집안에 그림을 그리고 싶었니?"라고 물어봐준다면 "저는 그림 그리는 게 좋아요. 재밌어요"라고 대답할 수 있다. 부모가 내면의 열정을 존중하여 마음껏 표현할 수 있는 환경을 만들어준다면 자녀의 독특성은 한계라기보다 무한한 가능성이 될 수 있다.

또한 자녀의 타이밍 감각을 존중해야 한다. 아이가 어른보다 판단 속도가 느린 것은 당연하다. "지금 그 일을 하면 어떻게 하니?", "그 일은 대체 언제 하려고 그러니?"라고 채근하는 대신 "너는 언제 그 것을 하면 좋겠니?", "그 이유는 무엇이니?" 하고 적절한 타이밍을 존중하여 물어주면 편안하게 자신의 실행 계획을 실천할 수 있을 것이다.

마찬가지로 일을 진행하는 속도도 존중해주어야 한다. "빨리 좀 해라. 왜 이렇게 굼벵이 같니?"라고 독촉하는 대신 지켜봐주는 지혜가 필요하다. 특히 자녀가 꼼꼼하고 신중한 성격이라면 속도가 느리더라도 빠진 것이 없이 철저하게 일을 마쳐야 만족할 수 있을 것이다. 부모가 이런 자녀의 성격을 존중해준다면 자녀의 탁월함이 유감없이 발휘될 수 있을 것이다.

두 번째로 자녀의 문화를 존중해야 한다. 특히 일하는 문화적 방식을 존중해야 한다. 개인의 성향에 따라 어떤 아이는 친구들과 어울려 공부하며 정보를 교환하고 토론하는 가운데 최고의 효과를 낼 수 있는데도 불구하고 "친구들과 놀지 말고 혼자 공부 열심히 해라"라는 부모의 충고 때문에 그러지 못하는 경우가 있다. 자녀의 문화적 방식을 염두에 두고 그 방식대로 최대의 성과를 낼 수 있도록 도울 수 있어야 한다.

부모와 자녀 간의 문화적 차이도 고려되어야 한다. 옷을 희한하게 입고 다닌다고 타박하는 대신 "와, 멋있네. 친구들이 이 옷을 입은 네 모습을 보면 뭐라고 할까?" 하고 질문해주면 자녀는 신이 나서 부모와 일체감을 느낄 수 있을 것이다.

세 번째, 자녀의 패러다임을 존중함으로써 '인간애 존중하기' 기술을 활용할 수 있다. 패러다임이란 간단하게 견해나 사고의 틀로 이해할 수 있는데, 이를 인정하지 않는다면 진정으로 자녀를 존중한다고 말하기 어렵다. 만약 자녀가 먹으면서 공부해야 잘된다는 신념을 가지고 있다면 "먹으면서 무슨 공부가 되겠니?" 하고 쉽게 판단해버리는 부모에게 저항하게 될 것이다. 개똥철학이라도 인정해주는 분위기일 때 자녀는 부모와 연결된 편안한 마음으로 자신의 성장 목표를 향해 나아갈 수 있을 것이다.

또한 자녀의 주체성 및 역할을 존중해야 한다. 자녀가 '내 힘으로 어떤 일을 하는 것이 좋지, 남이 도와주는 일을 하면 별 만족이 없어'라고 생각한다면 부모가 도와주는 것을 오히려 싫어할 수 있다. 스스로의 힘으로 뭔가를 성취하여 자신의 능력을 확인받고 싶어할 때는 자녀가 주체성을 확인할 수 있도록 "어떤 것을 스스로의 힘으로 이루고 싶어?", "아빠가 도와주는 것과 스스로의 힘으로 이룬 것과의 차이점은 뭐라고 생각하니?" 같은 질문을 던질 수 있다.

그리고 자녀의 현실을 존중해야 한다. "지금 열심히 하고 있지만 잘 안 되는 것이 있다면 무엇이니?"라고 질문하여 현실을 있는 그대로 긍정해줄 때 자녀는 다른 것 또한 포기하지 않을 수 있다.

지금까지 '인간애 존중하기' 코칭 기술에 대해서 살펴보았다. 이처럼 부모가 자녀의 한계와 문화, 패러다임을 존중해줄 때 우리 자녀들은 어떤 한계와 차이에도 불구하고 한결같이 옹호해주는 사람이 있다는 사실만으로 안정감을 느끼고 그들의 자원을 더 잘 활용할 수 있게 된다.

이번 장의 기본 질문과 다양한 활용법을 실제 자녀와의 대화에 적용해보고 최소한 5가지 사례를 적어보자. 이 과제를 통해서 자녀들은 부모에게 존중을 받는다고 느낄 뿐만 아니라 부모를 마음속 고민까지 터놓을 수 있는 친구처럼 대할 수 있을 것이다.

10일

현실을 바로 보게 하는 대화기술

객관적인 시선으로
자신의 상황을 바라보게 하라

이번 장에서 배울 코칭 기술은 우리 자녀의 주관적인 마음에 대해서 알아보는 것이 아니라 객관적인 진실을 즐겨보는 것이다. 이는 친구들과 선생님은 자신을 어떻게 생각하는지, 길거리에서 마주친 사람들이 자녀를 어떻게 생각하는지에 대해서 자녀로 하여금 주관적인 시각에서 벗어나 객관적인 시각을 가질 수 있도록 도와주는 코칭 기술이다. 이 코칭 기술을 통해서 자기중심적이고 사고가 고착되어 진전을 못하던 자녀가 홀가분함을 느끼고 성장할 수 있을 것이다.

'진실 즐기기 코칭'의 기본 질문은 "다른 사람은 어떻게 생각할까?"이다. 만약 자녀가 사소한 문제로 친한 친구와 말다툼하고 무척 화가 난 상태라고 한다면 우선은 자녀의 감정을 듣고 위로해준 다음 "너는 친구에 대해서 어떻게 생각하니?"라고 물어볼 수 있다. "엄마,

그 친구가 나빴어요. 괜히 내가 잘해주었어요. 그 친구에게 노트 필기한 것 빌려달라고 했다가 보기 좋게 거절당했어요" 하고 자초지종을 설명했다면 "그래, 그때 감정은 어땠니?" 하고 질문을 던질 수 있다. 자녀가 "막 화나고 짜증나고 그 친구가 미웠어요"라고 대답한다면 "음, 그래. 친구의 도움을 받기를 바랐는데 그 필요가 채워지지 않아서 화나고 짜증나고 그 친구가 미웠다는 말이구나" 하고 감정을 공유하는 태도를 취할 수 있다.

그 다음 부모는 "그러면 그 친구는 너에 대해서 어떻게 생각했을까?" 하고 의식의 전환을 일으키는 질문을 던질 수 있다. "아, 그 친구는 원래 글씨를 못 써서 자기 공책을 다른 친구들에게 보이기 싫어해요. 이제 생각해보니 도움을 주기 싫어서가 아니라 글씨가 창피해서 노트를 안 빌려주었던 것 같아요"라고 대답하는 순간 자녀는 진실을 즐길 수 있게 된다. "그와 같은 생각이 들었다면 이제 그 친구와 어떻게 지내면 좋겠니?"라고 물어준다면 "그 친구의 마음을 이해하고 다른 것으로 도움을 청하면 될 것 같아요."라고 대답할 수 있다. 이렇게 진실 즐기기 코칭 기술은 주관적인 의식에만 머물러 있는 자녀가 거기에서 벗어나 객관적인 진리를 바라보게 도와주는 기술이다.

세상을 즐겁게 살게 하는
12가지 진실의 유형

다음은 이 코칭 기술을 사용할 때 즐기게 될 12가지 진실의 유형에 대해서 살펴보자. 먼저 자신에 관한 진실을 들 수 있다. 우리 자녀들은 일종의 '자기 연민' 내지 '자기 최면'에 빠지기 쉽다. '나는 피해자야. 억울해. 왜 만날 내가 원하는 것은 안 들어주는 거야?' 하고 생각할 수 있다. 이때 부모는 "너는 그렇지 않아"라고 말하기는 쉬운데 그렇다고 해서 자녀가 그 생각을 쉽게 버리지는 못한다. 이 진실 즐기기 코칭 기술은 객관적으로 자기 자신이 어떤 처지인지 깨닫게 해주므로 피해의식에서 벗어나는 데 도움이 될 수 있다. "다른 친구들은 너에 대해서 어떻게 생각할까?", "네가 엄마, 아빠가 돼서 지금 시절을 추억한다면 너에 대해서 어떤 말을 해주고 싶니?" 같은 질문을 받으면 자녀는 의식의 전환을 경험할 수 있다. "아, 나는 내가 피해자이고 만날 손해만 보는 사람인 줄 알았는데 그렇지 않구나.', '내 친구를 보더라도 나만큼 부모님에게 관심을 받는 애도 없구나.' 혹은 '아, 내가 아빠가 되었을 때 지금 시절의 나를 추억한다면 참 감사할 줄 모르는 아이로 보일 수도 있겠구나.' 라고 생각할 수 있을 것이다.

둘째로는 사람들에 대한 진실을 즐기게 도와줄 수 있다.

담임선생님께 야단맞고 온 자녀와의 대화 예

소미 선생님이 미워요. 저만 야단치고.
엄마 선생님은 너를 어떻게 생각하실까?
소미 저를 미워하고 혼낼 일만 찾으시는 것 같아요.
엄마 그래, 그러면 다른 친구들은 선생님에 대해서 어떻게 생각할까?
소미 음, 선생님을 좋아하는 친구도 있고 싫어하는 친구도 있겠죠?
엄마 그러면 선생님 자녀들은 선생님을 어떻게 생각할까?
소미 아빠니까 좋아하고 존경하겠죠.
엄마 그러면 혹시 선생님께서 너를 선생님 자녀처럼 생각하고 야단치신 것은 아닐까?
소미 음, 그럴 수도 있겠네요. 그렇게 생각해보니까 약간은 선생님 마음을 이해할 수 있을 것 같아요.

이렇게 사람들에 대한 진실을 즐긴다는 것은 우리가 관계 맺는 사람들이 겉으로 보이는 모습 이상의 모습을 갖고 있다는 것을 깨닫는 것이다.

셋째는 일에 대한 진실이다. 자녀의 학업이나 집안일 거들기, 취미에 대한 진실을 묻는 것이다. 학업에 있어서는 실제 자녀가 생각하는 자신의 실력과 객관적으로 평가되는 실력이 시험점수를 통해 비교될 수 있다. 마찬가지로 자기가 대단히 집안일을 많이 한다고 생각하는 자녀에게 "하루에 몇 시간 정도 집안일을 거든다고 생각하니?" 하고 물어보면 자녀는 "잘 모르겠어요. 아무튼 많이 하고 있는 것 같아요. 좀 피곤해요"라고 대답할 수 있다. "음, 그렇구나. 그러면 혹시 오늘은 몇 시간 정도 집안일을 하는지 시간을 재보면 어떠니?" 하고 제안할 수 있다. 그러면 자녀는 자기가 생각하는 것과 실제 객관적인 시간 사이에 차이가 있음을 알 수 있다. 여기서 그치지 않고 "무엇이 네가 집안일을 많이 한다고 생각하게 만들었니?"라는 질문을 던지면서 다른 코칭 기술을 사용할 수도 있다.

가족과 성장에 대해 객관적으로 판단하게 하라

넷째는 가족에 대한 진실을 다룰 수 있다.

우리 가족은 너무 애정이 없다고 생각하는 자녀와의 대화 예

엄마 혹시 다른 친구들이 우리 가족을 보면 어떻게 느낄까?
소미 글쎄요, 서먹함? 우리 가족이 서로 애정이 많이 없다고 느낄 것 같아요.

엄마 그래, 그러면 어떤 독일 사람이 우리 가족을 본다면 어떻게 생각할까?

소미 글쎄요. 한 번도 생각해보지 않아서……. 독일 사람들이 좀 무뚝뚝한 편이니까 우리 가족을 보면 오히려 애정 표현을 잘하고 있다고 평가할 수도 있겠네요.

엄마 그러면 나는 우리 가족에 대해서 어떻게 생각할까?

소미 구체적으로 생각해보진 않았지만 엄마는 당연히 우리 가족을 끔찍이 사랑하고 계실 것 같아요.

엄마 그러면 아빠는?

소미 회사일 때문에 바쁘셔서 그렇지 마음은 항상 우리를 아끼시겠죠.

엄마 지금 대화하면서 새롭게 인식한 것이 있니?

소미 네, 겉만 보고 우리 가족이 사랑이 부족하다고 생각했던 것은 너무 섣부른 판단이었던 것 같아요.

다섯 번째로는 배움에 대한 진실 즐기기를 들 수 있다.

공부를 무척 힘들어하는 자녀와의 대화 예

엄마 공부하는 것에 대해서 어떻게 생각하니?

소미 안 했으면 좋겠어요. 너무 힘들고 스트레스 쌓여요.

엄마 그래, 하지만 만약 네가 공부하지 않고 어른이 되었다면 어떤 가능성이 사라질까?
소미 생각하고 싶지 않아요. 그냥 공부하기 싫어요.
엄마 그러면 공부하고 싶은 학생이 있긴 있을까?
소미 제 생각에는 별로 없을 것 같은데 그래도 약간은 있겠지요?
엄마 그러면 그 친구들은 왜 공부를 재미있게 느끼게 되었을까?
소미 음…….

이 코칭 대화는 자녀가 공부는 늘 지겨운 것이라는 주관적인 생각에서 벗어나는 계기를 마련해줄 수 있다.

여섯 번째로는 성장에 대한 진실을 들 수 있다.

요즘 학교생활이 만족스러운 자녀와의 대화 예

엄마 요즘 성장한 부분이 있다면 무엇이니?
소미 아! 요즘에는 친구들도 많이 저를 따르고요, 공부도 재미있고요, 기분이 너무 좋아요.
엄마 그래, 참 좋은 일이구나. 엄마도 네가 기뻐하니까 기분이 참 좋다. 그런데 네 성장을 주관적인 기분뿐만 아니라 객관적으로 평가할 수 있는 기준이 있을 수 있겠니?
소미 네, 친구들이 제가 어떻게 성장했는지 이야기를 해주면 더 객관적일 수 있겠죠. 그리고 친구들이 인정해준다면 저도 더 자신 있고 당당해질 수 있을 것 같아요.

__ 자기 자신에게 닥친 문제를 객관적으로 판단하게 하라

일곱 번째로 문제에 대한 진실 즐기기 코칭 기술을 사용할 수 있다.

자신이 못생겼다고 비관하고 있는 자녀와의 대화 예

엄마 특별히 너는 누구를 만날 때 자신이 못생겼다고 느껴지니?

소미 남자친구와 사귀고 싶은데 얼굴에 자신이 없어요. 그래서 짜증나고 화가 나요.

엄마 그러면 엄마, 아빠는 소미를 보고 어떻게 생겼다고 평가할까?

소미 그야 예쁘다고 하겠지요. 엄마, 아빠니까요.

엄마 그럼 우리 말고 네 친구들은 너를 어떻게 생겼다고 평가할까?

소미 음, 그렇게 싫지는 않고 무난하게 생겼다고 말할 거예요.

엄마 그러면 혹시 인류 역사상 가장 예뻤다는 양귀비나 클레오파트라가 지금 살아서 소미를 본다면 어떨까?

소미 글쎄요. 그때 당시 미의 기준과 지금 미의 기준이 다르기 때문에 오히려 예쁘게 볼 수도 있겠다는 생각이 드네요.

엄마 그래, 엄마와 몇 마디 대화를 해보았는데 대화하고 나서 무엇을 느꼈니?

소미 미의 기준은 시대마다 다른데 제가 너무 기죽어 있었구나 하고 생각했어요. 좀 자신감을 가져야겠어요.

여덟 번째로 기회에 대한 진실 즐기기가 있다. 특목고 시험에 떨어진 자녀가 있다면 "마음이 많이 아프지? 엄마도 마음이 아프단다. 혹시 이번 시험에 떨어진 것으로 인해 오히려 새로운 기회가 열렸다면 어떤 기회가 있겠니?"라고 '완전함 인식하기' 코칭 기술을 활용하여 질문할 수 있다. 자녀는 처음에는 자신이 실패했다는 사실을 인정하기 쉽지 않지만 점차 받아들이면서 어떤 기회가 있는지 살피게 된다. "글쎄요. 그냥 인문계 고등학교에 다니면 저 스스로 더 열심히 공부할 수 있을 것 같은데요"라고 대답한다면 부모는 인문계 고등학교에 다니는 것과 특목고에 다니는 것이 어떤 차이가 있는지 질문하여 좀 더 객관적으로 자신의 기회에 대해서 살펴볼 수 있도록 도울 수 있다. 즉, 잃어버린 기회와 새로운 기회 모두에 대해서 객관적으로 평가할 수 있도록 도와줌으로써 더욱 열심히 주어진 기회에 매진할 수 있도록 이끌어주는 것이다.

아홉 번째로는 '감정에 대한 진실 즐기기' 코칭 기술을 활용할 수 있다. 몹시 기분 나쁘고 짜증이 난 자녀가 있는데 그 사실을 인정하지 않으려고 할 때 부모는 "지금 네 기분이 어떠니?"라고 질문할 수 있다. 그런데 자녀가 "엄마! 왜 그래요? 나 괜찮아요. 아무렇지도 않단 말이에요!" 하고 애써 자신의 감정을 회피할 수 있다. 이때 부모가 "혹시 다른 친구들이 지금 너를 본다면 네 감정이 어떻다고 생각할까?"라고 질문한다면 그제야 자녀는 "사실 제가 학교에서 야단맞은 일 때문에 무척 흥분하고 화가 나 있는 상태 같아요. 저도 미처 알지 못했네요"라고 말할 수 있을 것이다. 이렇게 객관적으로 인식한 자신의 감정을 충분히 직면한다면 그 감정을 통제할 수 있을 뿐만 아니라 모든 상황에서 보다 주도적으로 대처할 수 있게 된다.

그 외에도 성공에 관한 진실, 삶에 관한 진실, 대화에 관한 진실이 있다. 자녀가 생각하는 성공이나 삶의 모습, 바람직한 대화의 내용뿐만 아니라 부모, 친구, 다른 사람들이 생각하는 것도 그려보도록 함으로써 보다 객관적인 진실을 즐길 수 있게 하는 것이다.

지금까지 '진실 즐기기' 코칭 기술에 대해서 살펴보았다. 이처럼 부모가 자녀를 주관적인 생각에서 벗어나 객관적인 진실을 바라보게 도와줄 때 비로소 자녀는 편협하지 않은 성숙한 사람으로 성장할 수 있을 것이다.

> 이번 장의 기본 질문과 다양한 활용법을 실제 자녀와의 대화에 적용해보고 최소한 5가지 사례를 적어보자. 이 과제를 통해서 자녀들은 의식의 전환을 일으켜 보다 객관적으로 자신과 다른 사람, 주변 상황을 평가하는 계기를 마련할 수 있을 것이다.

11일

주변환경을
직접 창조하게 하는 대화기술

계획을 실천할 수 있는
후원 환경을 직접 만들게 하라

후원 환경 조성하기란 주위 환경을 내 의지와 상관없이 그렇게 할 수밖에 없도록 만드는 것을 의미한다. 연초에 계획을 세우더라도 내 의지만으로는 '작심삼일'이 되기 쉽다. 아무리 훌륭한 대화를 나누었다고 하더라도 실행 계획을 실천에 옮기지 못한다면 그 자체로 '좋은 대화'는 될 수 있을지 몰라도 변화와 성장을 일으키는 코칭 대화로서는 적합하지 않다. 그렇기 때문에 후원 환경 조성은 코칭의 핵심이라고 할 만큼 매우 중요한 부분이다.

__ 강력한 후원 환경이란?

자녀의 변화와 성장은 환경을 보다 구체적으로 조성할 때 일어난다. 만약 공부 계획을 세워서 보여주기로 했다면 그것으로 코칭 대화를 마치는 것이 아니라 "언제 계획을 세워서 엄마에게 보여주겠니?", "목요일 언제 보여줄 건데?" 하는 식으로 강력하게 후원 환경을 조성해줄수록 자녀는 의지가 약해지더라도 실천에 옮길 수 있게 된다. 아침에 아무리 피곤하고 졸려도 꼭 축구 운동을 하기 위해서는 조기축구회에 가입하는 것만으로는 부족하다. 만일 다른 회원들에게 연락을 해야 하는 조기축구회 총무가 된다면 이 사람은 무슨 일이 있어도 아침마다 축구를 하게 될 것이다. 이와 같이 자녀가 코칭 대화를 통해 세운 실행 계획을 꼭 실천할 수 있게끔 하는 데는 강력한 후원 환경을 조성하는 것이 필수적이다. 이 기술을 적용하기 전에는 나의 의지력에만 의존하여 열심히 밀어붙였다면 코칭을 받은 후에는 의지가 약해지더라도 그것과 상관없이 실행 계획을 자연스레 하나씩 수행해나갈 수 있게 된다.

강력한 후원 환경을 만들기 위한 마음가짐

이 코칭 기술의 기본 질문은 첫째, "최소한의 에너지로 목표를 이룰 수 있는 이상적인 환경을 조성해본다면 무엇이니?"이다. 자녀에게 '환경'이라는 말이 어렵게 들릴 수 있기 때문에 "네 의지와 상관없이 그 계획을 꼭 실천할 수 있는 방법이 있겠니?", "만약 네가 실행하지 못했을 때는 벌칙을 수행하고 또 실행했을 때는 엄마가 상을 준다면 네가 그 일을 꼭 실행할 수 있지 않을까?" 같은 말로 부연할 수 있다. 자녀는 "무슨 상인데요?" 하고 바로 관심을 보일 것이다. 이처럼 진정한 변화와 성장은 좋은 코칭 대화뿐만 아니라 코칭 대화 결과 도출된 실행 계획의 실천을 자극하는 후원 환경 조성에 달려 있다.

두 번째는 "이 환경이 잘 작동하고 유지되기 위한 방법은 무엇이니?"이다. 자녀의 실행 계획은 하루 만에 끝나는 것도 있지만 대체로 장기적인 관점에서의 접근이 필요한데, 예를 들어 선생님이 되겠다는 목표를 세운 자녀는 이를 위한 장기적인 실행 계획이 필요할 것이다. 따라서 이 실행 계획을 잘 유지하고 관리하기 위해 부모가 매달 점검해줄 부분은 무엇인지 코칭 대화를 통해 모색할 수 있다.

세 번째로 "이런 환경을 디자인한 목적은 무엇이니?"라고 질문하여 자녀가 후원 환경을 설정한 근본 목적은 무엇인지, 후원 환경이 그 목적에서 빗나가지는 않는지 항상 확인하도록 도와주어야 한다.

완벽한 후원 환경을 만들기 위한 10가지 방법

__주변 환경을 바꿀 수 있는 방법을 찾아라

'후원 환경 조성하기' 코칭 기술의 다양한 활용법 중 첫 번째는 사람에 대한 것이다. 자녀가 실행 계획을 실천할 때 그가 맺고 있는 인적 자원을 활용할 수 있도록 도와주어야 한다. 여기서 중요한 것은 '만나서 도움을 받을 수 있는 사람'이 있는 반면 자신의 성장을 위해서 '만나지 말아야 할 사람'이 있다는 것이다. 그렇기 때문에 코칭 기술을 통해서 자녀가 스스로 이 부분을 깨닫도록 해야 한다.

두 번째로 시간에 대한 후원 환경을 조성할 수 있다. 자녀에게 "그 계획을 언제 실행하면 좋겠니?"라고 질문했을 때 '그냥 하겠다'는 대답은 '하고 싶으면 하고 하기 싫으면 안 하겠다'는 뜻이 된다. 그럴 때는 "언제 하겠니?"라고 물어줄 뿐만 아니라 "언제 하면 가장 효과적이겠니?" 하고 효과에 대해서도 질문할 수 있다.

세 번째로 바꾸어야 할 시스템에 대한 후원 환경을 조성해줄 수 있겠다. "그것을 위해 꼭 바꾸어야 할 삶의 습관이나 패턴이 있니?"라고 질문해주면 자녀는 삶의 전반적인 부분이 목표를 위한 최적의 상태인지 점검할 수 있게 된다. 중요한 것은 자녀의 습관이나 생활 패턴이 고유의 가치에 따라 변화하고 성장해야 한다는 점이다.

네 번째로는 자녀에게 "너만의 성공 스타일이 있다면 무엇이니?"라고 질문해줌으로써 과거 자녀가 어떠한 패턴으로 성공을 경험하였으며 지금 적용할 수 있는 부분은 어떤 것이 있는지 찾도록 도와줄 수 있다. 사람마다 저마다의 성공 스타일이 있으므로 부모의 스타일을 강요하는 것이 아니라 자녀 스스로 고유의 스타일을 발견하고 효과를 극대화하도록 이끌어주는 것이 중요하다.

다섯 번째로는 재정에 대한 후원 환경을 조성해줄 수 있다. "비용은 얼마나 들겠니?"라는 질문으로 정말 이루고 싶은 가치라면 내 시간, 내 에너지, 내 재정이 투자되어야 한다는 것을 인식시킨다. 처음 실행 계획을 세울 때 "네가 이것을 위해 돈을 투자한다면 얼마를 투자할 수 있겠니?"라고 질문한다면 실제 자녀가 그 계획에 얼마나 가치를 두고 있는지 점검해볼 수 있다. 진짜 자녀가 가치 있게 여기는 실행 계획이라면 비용을 투자한 후 자녀 스스로 더욱 책임감을 갖고 실천할 수 있도록 도와주면 된다.

__ 변화의 환경을 만들 수 있는 방법을 찾아라

여섯 번째로는 "만약 네가 실행 계획을 성공적으로 수행했을 때 너 스스로 축하할 방법은 뭐니?"라고 질문하는 것이다. 자녀는 "기분이 아주 좋아 기념품을 하나 살 거예요." 혹은 "아이스크림을 하나 사 먹을 거예요."라고 대답할 수 있다. 이렇게 자녀에게 스스로 축하할 방법에 대해 묻는 이유는 자기 자신에 대한 상이 더욱 강력한 동기 부여가 될 수 있기 때문이다.

일곱 번째는 "구체적인 실행 모습을 그려본다면?"이라고 물을 수 있다. 이는 자녀 스스로 내가 정말 최선을 다하고 있는지 점검해볼 수 있도록 하는 질문이다. "저는 다른 잡생각을 하지 않고 1시간이고 2시간이고 집중해서 공부할 수 있을 때 목표가 달성된 것이라고 평가할래요"라고 자녀가 대답한다면 "그것을 제일 방해하고 있는 것은 무엇이지?"라고 질문하여 보다 세밀하게 실행 계획을 세울 수 있도록 도울 수 있다.

여덟 번째는 도움 받을 수 있는 자료에 대해 물어보는 것이다. "그 실행 계획을 실천하기 위해서 필요한 책이나 자료가 있다면 무엇이니?"라는 질문을 통해 인적 자원뿐만 아니라 물적 자원을 최대한 활용할 수 있도록 이끌어줄 수 있다.

아홉 번째로 "네가 했다는 것을 측정할 수 있는 방법은 무엇이니?", "네가 했다는 것을 다른 사람들이 어떻게 알 수 있니?" 같은 질문으로 자녀 스스로 점검 시스템을 만들도록 도울 수 있다.

열 번째로는 "누가 점검해주었으면 좋겠니?", "어떻게 점검해주었으면 좋겠니?", "만약 하지 못할 경우 어떻게 했으면 좋겠니?" 등을 질문하여 누구의 격려와 지원을 필요로 하는지 알아볼 수 있다.

자녀의 후원 환경 조성에 힘을 실어라

후원 환경 조성하기 코칭 기술을 활용할 때 부모가 꼭 알아야 할 유의 사항들이 있다. 첫째, 이상적인 환경은 열정을 소모시키지 않고 오히려 분발하도록 만든다. 후원 환경을 조성하는 목적은 자녀를 감시하기 위한 것이 아니다. 그 반대로 자녀 스스로 더 분발하고 열정을 일으키도록 고안된 것이다. 그러므로 후원 환경을 조성할 때는 감시받는 느낌으로 의욕이 떨어지는 일이 없도록 자녀가 주도적으로 참여하게 해야 한다.

둘째, 환경은 생명체를 유지시킨다. 생명체가 지속적으로 생명을 유지하기 위해서는 적합한 환경이 필요하다. 그러므로 생명체가 유지되기 위해서는 성장 단계마다 환경을 바꿔주어야 한다. 처음 씨앗을 심는 경우 작은 화분으로도 가능하지만 점점 식물이 자라면 화분을 바꿔주어야 하듯이 우리 자녀들을 지원하는 환경도 자녀의 성장 정도에 맞게 바꾸어야 한다.

셋째, 모든 것을 환경으로 보라. 자녀가 최대한 자신의 성장 목표에 집중하기 위해서는 자녀의 성장과 아무런 상관이 없는 환경은 없도록 하고, 그가 인지하고 느끼는 주위의 모든 환경이 성장과 변화에 필요한 요소로 활용될 수 있어야 한다.

마지막으로 환경과 실제 취할 행동에 대한 구분이 필요하다. 후원 환경 조성은 자녀가 일생 이루어나갈 시스템을 설계하는 것과 마찬가지이다. 따라서 직접적이고 단기적인 행동보다 '큰 그림'으로 접근해야 하며, 유익한 습관을 들이는 것처럼 정성을 기울여야 한다.

지금까지 '후원 환경 조성하기' 코칭 기술에 대해서 살펴보았다. 이와 같이 부모는 사람, 시간, 시스템, 성공 스타일, 재정, 도움자료 등을 고려하여 후원 환경을 조성하고 스스로 축하할 방법과 구체적인 실행을 측정하는 방법 등을 확인하는 과정에도 도움을 줄 수 있다.

❶ 사람에 대한 후원 환경
❷ 시간에 대한 후원 환경
❸ 바꾸어야 할 시스템에 대한 후원 환경
❹ 자신만의 성공 스타일
❺ 재정에 대한 후원 환경
❻ 스스로 축하할 방법은?
❼ 구체적인 실행 모습을 그려본다면?
❽ 도움 받을 수 있는 자료는?

❾ 네가 했다는 것을 측정할 수 있는 방법은?
❿ 누구의 격려 및 지원을 받겠니?

> 이번 장의 기본 질문과 다양한 활용법을 실제 자녀와의 대화에 적용해보고 최소한 5가지 사례를 적어보자. 이 과제를 통해서 최소한의 에너지로 목표를 이룰 수 있는 후원 환경에 의해 자녀가 성장하고 변화하는 계기를 마련할 수 있을 것이다.

12일

순수한 모습으로 살게 하는 대화기술

자녀에게 자신의 순수한 존재의식을 발견하게 하라

이번 장은 자녀들 내면의 동기 가치와 열정을 찾아주고 의식의 중요성을 깨닫게 하여 자신의 꿈이 성취되도록 돕는 코칭 기술에 대한 것이다. 매일 자신의 동기 가치와 열정을 의식하며 사는 자녀들은 보다 행복하고 만족스럽게 살 수 있으며 방향을 잃지 않게 된다.

의식은 왜 중요할까? 1초에 4천억 비트의 정보가 오가는 시대에도 보통 사람은 2천 비트 정도만 인식한다고 한다. 내가 불완전하게 인식한 정보가 전체에 대한 답이 될 수 있을까? 당연히 그렇지 않다. 마찬가지로 과거에 내가 옳다고 고집부리고 확신하던 것이 시간이 흐르고 지혜가 더 생긴 후 바라보면 틀렸을 수도 있다.

예를 들어 과거에 참 얄미운 친구가 있었다고 하자. 당시에는 자기만 알고 다른 사람을 배려할 줄 모르는 이기주의자라고 생각하여 멀

리했는데 알고 보니 그 친구는 몸이 아프신 노모를 봉양하기 위해서 '짠순이' 역할을 했던 것이었다. 그것을 알게 된 지금은 예전에 미워했던 감정을 부끄러워하고 오히려 그 친구에게 미안하다고 사과하고 싶을 것이다.

그러므로 내가 무엇을 의식하고 느끼는가를 의식하는 일은 중요하다. 그래야 내가 지금 의식하고 느끼는 것도 미래에는 완전하지 않을 수 있다는 한계를 인식하고 주관적인 의식을 넘어 보다 객관적이고 포용적인 시각으로 매사를 생각하고 결정할 수 있다.

자녀의 의식 평가하기

❶ 초등학교 때 기억나는 나의 의식은?
❷ 중고등학교 때 나의 의식은?
❸ 성인이 되어 결혼 전의 나의 의식은?
❹ 성인이 되어 결혼 후의 나의 의식은?
❺ 고통을 통해 바뀐 의식은?
❻ 변할 수 없거나 내게 중요한 의식은?

자신이 과거 어떤 의식을 가졌고 또한 그것에 어떤 일관성이나 패턴이 있는지 살펴보면 스스로도 미처 몰랐던 본모습에 대해 깊이 인식할 수 있게 된다. 이를 위해서 먼저 변화된 의식을 순차적으로 적으면서 변하지 않는 의식은 어떤 것이었는지 살펴보도록 하자.

자녀가 선택한 일에 대한 만족도를 평가하라

❶ 네 선택 중 몇 %가 만족스럽니?
❷ 네 선택 중 몇 %가 불만족스럽니?
❸ 그 이유가 있다면 무엇이니?
❹ 만족도를 100%로 올리려면 어떤 방법이 있을 수 있을까?

몇 가지 코칭 질문을 통하여 자녀의 의식 수준을 가늠해볼 수 있다. 먼저 "너는 스스로 어떤 것을 선택하여 결정할 때 얼마나 만족스럽지? 예를 들어 10가지를 한다고 했을 때 몇 가지 선택이 만족스럽지?"라고 물어보면 자녀는 "6가지 정도요"라고 대답할 수 있다. 다시 부모가 "6가지는 만족스럽고 4가지 정도는 불만족스럽다는 이야기인데 혹시 그 이유가 뭔지 말할 수 있을까?"라고 묻는다면 자녀는 평소 만족스럽게 선택하는 데 방해가 되는 걸림돌에 대해서 곰곰이 생각하게 된 것이다. 다시 자녀에게 "10가지 모두 만족스러운 선택을 하려면 어떻게 하면 좋을까?"라는 질문을 한다면 자녀는 이런저런 실행 계획을 생각해낼 수 있다. 그럴 때 부모는 과연 자녀의 실행 계획이 현실적으로 성장하기 위해 얼마나 효과적인지 다음에서 배울 'DVP 코칭 기법'을 통해서 확인해줄 수 있다.

자신의 성공가능성을
스스로 체크하게 하라

'DVP 코칭 기법'이란 자녀의 성장을 돕기 위해서 위기의식과 비전, 계획을 점검하는 질문으로 먼저 "너에게 성장을 위한 위기의식은 10점 만점 중에 얼마나 되니?"라고 질문할 수 있다. 위기의식이란 '내가 그렇게 하지 않을 수 없다는 불안감과 위기감'이므로 위기의식이 높을수록 성장을 위한 투자가 절박하다.

둘째는 '비전'을 물어보는 질문으로 실제로 자녀에게 성장할 수 있다는 확신이 얼마나 되는지 점검하는 것이다. 대개의 경우 그러면 좋겠다고 생각은 하지만 실제로 그러리라 확신하는 경우는 많지 않다. 이는 매번 자신이 결심하고도 실행하지 못했던 '의지의 연약성'에서 비롯하는 경우가 많은데, 부모는 자녀의 비전을 점검해줌으로써 자녀 스스로 '아! 내가 이렇게 자신이 없었구나' 하고 달라지는 계기를 제공할 수 있다.

  셋째는 "그것을 위한 구체적인 계획이 있니?"라고 성장을 위한 '계획'에 대해 질문하는 것이다. 이 코칭 질문을 통해 자녀는 성장하기 위해서는 의지만이 아니라 구체적인 계획도 있어야 한다는 것을 인식하게 된다.

  이렇게 DVP 평가가 끝난 다음 3가지 질문에 대한 점수를 다 곱해주면 우리 자녀가 실제 생각대로 변화하고 성장할 수 있는지 여부에 대한 점수가 나오는데, 700점을 넘지 않는 이상 그렇게 성장할 가능성은 희박하다. 예를 들어 위기의식이 8점이고 비전이 9점이고 구체적 계획이 7점인 경우 우리 자녀의 DVP 점수는 504점이다. 그러면 부모는 7점이 나온 계획 부분에서 자녀가 더 효과적이고 구체적인 계획을 세울 수 있도록 도와줌으로써 DVP 점수를 집중적으로 올릴 수 있다.

DVP 진단 코칭

❶ 성장을 위한 위기의식은?(Danger)
❷ 성장을 위한 비전은?(Vision)
❸ 성장을 위한 계획은?(Plan)
❹ 어느 부분을 더 올려야 할까?

순수존재의식 코칭

구분	좋다, 부럽다, 존경하는 사람 이름 3명을 기록 Ⓐ	사람 당 2가지 특성 기록 후 3단어 선택 Ⓑ	싫다, 이런 면은 존경할 수 없다는 사람 이름 3명 Ⓒ	사람 당 2가지 특성(가장 싫은 것 3가지 선택) Ⓓ	Ⓓ에서 선택한 3가지의 반대말 Ⓔ	Ⓑ와 Ⓔ에서 선택한 3단어 총 6개의 단어 중 3단어 선택 Ⓕ	다른 사람과 인터뷰하여 얻은 30단어 중 3단어 선택 Ⓖ	Ⓕ와 Ⓖ의 6개의 단어 중 3개 선택 Ⓗ
1								
2								
3								

다음으로는 내면의 동기 가치와 열정을 발견하도록 돕는 순수존재의식 코칭에 대해서 살펴보자. 우선 위의 표를 활용하여 세상에서 제일 존경하는 사람 3명을 꼽아보도록 한다(A). 이때 존경하는 사람은 현존하는 사람일 수도 있고 과거 위인들도 될 수 있다. 그 다음 그 사람들의 어떤 부분을 자녀가 구체적으로 존경하는지 2가지씩 적도록 한다(B). 그리고 나서 총 6가지 중에서 정말 존경하는 특징 세 가지를 우선순위로 뽑을 수 있도록 한다. 이와 같은 과정을 싫어하는 사람 3명을 꼽아서 실행한다(C와 D). 그리고 이 경우에는 선택한 3가지

싫어하는 특성의 반대말을 적게 한다(E). 그리고 존경하는 특징 3가지와 싫어하는 특징의 반대말 3가지, 총 6가지 중에서 최종적으로 3가지를 뽑게 한다(F). 이것을 자녀가 생각하는 이상적인 순수존재의식이라고 할 수 있다.

또한 자녀의 객관적인 모습을 인식하게 하기 위해서 친구나 주위 사람들을 인터뷰한 후 자신에 대한 인상을 최소한 10명에게 각각 3개씩 단어 30개를 피드백 받아서 오도록 한다. 그리고 그 중에서 자신이 마음에 드는 것을 3가지 선택하도록 한다(G). 앞의 3가지와 뒤의 3가지 중 정말 자신이 가치 있고 중요하게 생각하는 것을 3가지 고르도록 한다(H). 이것을 실제 자녀의 내면에 있는 순수존재의식, 즉 동기가치라고 할 수 있다.

예를 들어 존경하는 사람이 에디슨이면 좋아하는 특징 두 가지를 꼽으라고 했을 때 '창조성'과 '부지런함'을 선택할 수 있다. 여기서 혹시 자녀가 잘 생각하지 못하거나 어떤 특징을 더 존경하는지 혼란을 느낄 경우 어떤 부분이 자녀 마음에 더 공명하는지 물어보면 된다. 또한 싫어하는 사람의 특징을 말하게 한 후 반대말을 물어보는 것은 자녀 의식의 마이너스 부분을 통해 플러스 부분을 알아보는 방식이다. 싫어하는 특징의 반대말에 자녀가 더 공명하기 때문에 존경하는 특징을 돌려서 한 번 더 물어보는 것이다. 아울러 다른 사람들이 우리 자녀에 대해서 생각하는 것을 피드백 받는 과정은 보다 객관적인 순수존재의식을 발견하도록 돕는다. 앞서 다루었던 '조하리의 창'에서와 마찬가지로 나는 알고 다른 사람은 모르는 개인적인 영역을 오픈하고 나는 모르지만 다른 사람은 알고 있는 맹점 영역을 피드백 받음으로써 나도 모르고 남도 모르는 미지의 잠재력을 발견할 수 있다.

이렇게 자녀가 가치 있게 여기고 존경하는 특징 3가지가 최종적으로 결정되면 부모는 이를 근거로 해서 "나는 네가 부지런함을 감사해. 너의 부지런함이 더욱 깊어지고 계속 성장해가는 것을 보니까 엄마는 기뻐. 또 이것이 좋은 영향을 끼치는 것을 진심으로 축하해"라고 말하여 독려할 수 있다. 부모는 자녀가 가치 및 열정을 계속적으로 의식하며 성장할 수 있도록 기대와 격려를 보내는 것이 좋다.

매일 순수존재의식대로 살기

구분	스트레스를 받으면 어떤 감정인가?	항상 이런 감정을 가진 사람을 나타내는 단어는?	순수존재의식을 의식할 때 나는 1, 2, 3의 의식이 든다.	이때 나의 감정은 1, 2, 3이다.	그러므로 나는 오늘 1, 2, 3 행동을 할 것이다.
1					
2					
3					

부모는 자녀가 항상 동기 가치를 의식하며 살 수 있도록 다음과 같은 방법을 통해 도울 수 있다. 만약 자녀가 기분 나빠 보일 때 "지금 감정이 어떠니?" 하고 질문한다면 "짜증나요.", "화나요." "친구가 미워 죽겠어요." 등 다양한 대답이 나올 것이다. 그럴 때 그것에 그치지 말고 앞의 표를 활용하여 "만약 항상 이런 감정을 가진 사람을 나타내는 단어나 그림을 그려본다면 어떨까?" 하고 제안하면 자녀는 '고집불통', '못 말리는 사람', '대책 없는 사람' 등을 말하고 그림도 그릴 수 있을 것이다. 그러면 부모는 앞에서 다루었던 자녀의 순수존재의식 3가지를 상기시키면서 그 3가지를 의식하게 만들 수 있다. 예를 들어 자녀의 순수존재의식이 '부지런함', '포용력', '지혜'라면 부모는 "그 세 가지 순수존재의식을 의식할 때 어떤 감정이 드니?"라고 질문할 수 있다. 그러면 부모는 "그런 감정이 들 때 오늘은 무엇을 하고 싶니?"라고 물어봐줌으로써 순수존재의식대로 하루하루 실행할 수 있도록 돕는다.

스트레스를 받거나 화가 나는 상황에서도 항상 자신의 순수존재의식을 의식하고 행동하는 훈련을 6개월이면 6개월, 1년이면 1년 동안 계속하다 보면 놀랍게도 순수존재의식과 같이 변해 있는 자기 자신을 발견하고 더욱 동기 부여될 수 있을 것이다.

지금까지 순수존재의식 코칭 기술에 대해서 살펴보았다. 이 기술을 통해 우리 자녀가 내면의 동기 가치인 순수존재의식을 발견하고 그것대로 살아가기를 힘쓰면 스트레스나 짜증 같은 일시적인 감정에 휘둘리는 것에서 벗어나 꿈을 향해 차근차근 나아갈 수 있을 것이다.

> 순수존재의식 코칭 기술을 실제 자녀와의 대화에 적용해보고 그 사례를 기록해보자. 이 과제를 통해서 우리 자녀들이 순수존재의식을 찾고 하루하루 스스로의 동기 가치에 의해서 살아가도록 구체적으로 도울 수 있을 것이다.

13일

치유와 회복을 이끌어내는 대화기술

낙담했을 때는
긍정적인 마음을 갖게 하라

우리 자녀들의 문제를 가만히 살펴보면 자신의 화난 감정을 잘 처리하지 못해서 비롯되는 경우가 많은데 '화 코칭'을 통해 우리 자녀가 스스로 화를 잘 처리하고 통제하도록 도울 수 있다.

만약 자녀에게 "너는 어떤 말을 들을 때나 어떤 태도를 대할 때 화가 나고 자신이 짓밟혔다는 느낌이 드니?"라고 질문한다면 자녀는 "친구들이 나를 무시하고 놀릴 때 짜증이 나요."라고 대답할 수 있을 것이다. 이 질문은 자신이 어떨 때 화가 나는지 패턴을 이해하는 데 도움을 줄 수 있다.

두 번째로 "그러면 대신 그 친구가 어떻게 해주기를 원하지?" 하고 물어보면 "친구가 나를 존중해주고 내 말에 귀를 기울였으면 좋겠어요."라고 대답할 수 있을 것이다. 이 질문은 내 안에 어떤 필요가 채워지지 않아서 화가 나는지 점검할 수 있도록 도와주는 질문이다. 우리가 화가 나고 짜증이 솟을 때 보통 상대방이 직접적인 원인이 된다고 생각하지만 한 번 더 생각해보면 그 이전에 상대방이 채워줬으면 하는 나의 필요가 존재함을 알 수 있다.

세 번째로 "그러면 네 주위에 있는 사람들이 네가 존중받고 싶어 하거나 네 말을 들어주기를 바랄 때 항상 그렇게 할까?" 하고 물어보면 "음, 물론 그럴 때도 있지만 항상 그런 것은 아니에요"라고 대답할 수 있다. 네 번째로 "그렇다면 다른 사람이 존중해주지 못할 때마다 화를 내는 것이 지혜로운 일일까?" 하고 질문하면 "그렇게 지혜롭지는 않은 것 같아요"라고 대답할 수 있다. 여기서 세 번째와 네 번째 질문은 모든 사람이 자녀가 원하는 대로 늘 대해주지는 않는다는 것을 깨닫게 해준다. 이렇듯 주관적인 생각에서 벗어나 객관적인 사실을 인정할 수 있을 때 감정을 통제하는 것이 한결 수월해진다. 다시 한 번 자신의 필요에 대해 깊이 인식하도록 돕기 위해서 두 번째와 세 번째, 네 번째 질문을 반복하여 활용할 수 있다.

❶ 어떤 말을 들을 때 화나니?
❷ 대신 어떻게 대해주기를 원하니?
❸ 모든 사람이 항상 그럴까?
❹ 그렇게 대해주지 못할 때마다 화내는 것이 지혜로운 일일까?
❺ 네 자신에게 그렇게 대하면 어떨까?

❻ 네 필요가 채워지면 네가 받기를 원하는 대로 상대방에게 기여할 수 있지 않을까?

__ 감정을 스스로 조절할 수 있는 방법을 찾게 하라

자녀가 자신의 필요를 충분히 인식한 뒤라면 다섯 번째 질문을 던질 수 있다. "만약 네가 너를 존중해줄 수 있는 방법을 찾고 있다면 그 친구가 어떻게 하든 화가 안 나지 않을까?"라는 질문은 주위 환경이나 다른 사람에 상관없이 자신의 필요를 스스로 채울 수 있는 방법을 개발함으로써 감정을 통제하고 평정심을 유지할 수 있도록 돕기 위한 것이다.

우리는 지금 코칭을 통해서 자녀의 리더십을 개발해 주려고 한다. 그런데 만약 주위 환경이나 다른 사람에 의해서 감정이 요동하고 생각이 수시로 바뀐다면 진정한 리더십을 가졌다고 보기 어렵다. 어떤 순간에도 감정과 생각을 잘 조절해서 자신이 원하는 방식으로 이끌어갈 수 있어야 원하는 목표를 성취할 수 있다. 더 이상 자녀가 자신의 필요를 다른 사람에게 기대지 않아도 될 때 마지막 질문을 던질 수 있다. "그렇게 네가 스스로 필요를 채울 수 있다면 상대방이 너에게 어떻게 해주느냐에 상관없이 네가 그 사람의 말을 들어주고 그에게 무언가를 기여할 수 있지 않을까?"라는 질문은 자녀가 리더십과 포용력을 갖도록 이끌어줄 수 있다.

자녀에게 화 코칭 기법을 사용할 때 다섯 번째와 여섯 번째 질문은 전에 던졌던 질문을 자녀가 어느 정도 인식하고 소화하는지 자세히 살펴본 후에 진행해야 한다.

분노와 화해시키는 6가지 단계

다음 살펴볼 '화해의 걸음 코칭'은 화 코칭의 또 다른 방법이라고 할 수 있다. 화와 짜증은 일상생활에 집중하지 못하게 하고 관계에 계속적인 불편함을 주므로 좋지 않다. 우리가 화나는 감정을 잘 소화하지 못하는 주된 이유는 그 감정을 회피하고 있기 때문이다. 그러므로 충분히 대면할 수만 있다면 더 이상 그 감정이 우리를 괴롭히는 일은 없게 된다.

화해의 걸음 코칭은 그동안 사랑하는 마음으로 대하지 못한 사람, 불편을 느꼈던 상황, 혹은 자신의 인생 전반에 대해서 폭넓게 적용할 수 있는 기술로서 내면을 들여다보아 미움, 분노, 질투, 좌절, 두려움, 피해 의식 등이 사라질 때까지 하루에도 몇 번이고 반복해서 실행할 수 있다.

❶ 방향 설정
❷ 불편한 감정 의식
❸ 좋은 감정 의식
❹ 생물과 하나 됨.
❺ 사람과 하나 됨.(역지사지)
❻ 상대방의 시각으로 경험함.

먼저 1단계는 방향 설정이다. 화해의 걸음은 꽃이나 나무가 있는 탁 트인 공간에서 실시하면 많은 도움을 받을 수 있다. 자녀와 함께 아름다운 자연이 있는 곳으로 산책을 나가서 마음속으로 속상하게 하는 사람, 미운 사람, 용서하기 싫은 사람을 한 사람 정하도록 한다.

2단계로서 그 사람이 왜 싫은지, 그 사람에게 왜 저항하고 싶은지 그 감정을 느껴보도록 한다. 그러고 나서 한쪽 방향으로 천천히 한 발짝 한 발짝 내디디면서 그 불편한 감정을 의식할 때 떠오르는 생각들을 말로 표현하게 한다. "어떻게 나에게 이럴 수 있어?", "진짜 나빠, 자기만 생각하고.", "어떻게 그런 말을 내게 할 수 있지?" 등등 그 사람에게 드는 원망과 불편한 감정을 천천히 밖으로 내보내는 이유는 우리가 그 감정을 회피하려 할수록 우리 몸에 쌓이게 되면서 모든 스트레스와 불안감, 피로와 병의 근원이 되기 때문이다. 그 감정을 충분히 느끼고 소화시킬 때 오히려 그 감정이 사라지는 것을 알 수 있다.

이제 3단계는 걸어왔던 방향과는 다른 방향으로 걸으면서 좋은 감정을 의식하도록 하는 것이다. 역시 한 발자국 한 발자국 걸음을 내디디면서 그 불편한 감정을 느끼게 한 사람을 이해하는 말을 밖으로 표현한다. "아마 무슨 사정이 있었겠지.", "스트레스 받는 일이 있었던 걸 거야.", "자기 스스로도 얼마나 애썼겠어.", "얼마나 속상하면 그럴까." 등등 그 사람을 의식적으로 두둔하는 단계이다.

__ 감정과 하나 됨을 느끼고 화해하게 하라

4단계는 생물과 하나 되는 단계이다. 모든 불편한 감정, 미움 등은 내가 너와 분리되었다는 생각에서 비롯되므로 내가 너와 분리된 것이 아니라 하나라는 인식을 회복해야 한다. 먼저 자녀에게 좋아하는 나무나 꽃을 찾은 다음 그 앞에 서서 오래도록 관조하면서 자신이 그 나무나 꽃이라면 어떨까 생각해보고 서서히 하나가 되는 경험을 해보라고 이야기한다. '얼마나 기쁠까, 저렇게 꽃을 만개하고 있으면.', '아, 너무 오래 팔을 벌리고 있으니 팔이 저리다.', '사람들이 나에게 와서 예쁘다고 해주기를 원한다.', '더 활짝 꽃피우고 싶다.' 등등 자연과 한 몸이 되는 경험을 다른 나무나 꽃으로도 시도해보도록 이끌어준다.

생물과 하나 되는 단계를 거치면 이제는 5단계인 사람과 하나 되는 단계를 진행할 수 있다. 이것은 역지사지의 마음을 갖게 하는 것으로, 불편한 감정을 느끼게 한 친구를 떠올린 다음 내가 그 친구라면 어떤 것을 느끼고 어떤 것을 생각할까 하고 그의 입장이 되어서 생각하도록 돕는 것이다.

6단계는 5단계를 구체적으로 발전시킨 형태이다. 나와 똑같이 그 친구도 자신의 삶에서 행복을 찾고 고난을 피하려 한다. 이렇게 상대방의 삶을 인정해주면 그 친구를 이해하고 받아들일 수 있다. 엄마가 자녀 뒤에서 다음 여섯 가지를 한 단계 한 단계 읽어주며 자녀가 상대방의 입장에서 생각하고 느끼도록 도울 수 있다.

상대방의 시각으로 경험해보는 예

하나 나와 똑같이 ○○○도 자기 삶에서 행복을 찾고 있다.
둘   나와 똑같이 ○○○도 자기 삶에서 고난을 피해보려고 한다.
셋   나와 똑같이 ○○○도 슬픔과 외로움과 절망을 겪어 알고 있다.
넷   나와 똑같이 ○○○도 자기가 원하는 것을 채우려 하고 있다.
다섯 나와 똑같이 ○○○도 삶에 대해 계속 배우고 있다.
여섯 나와 똑같이 ○○○도 자기가 아는 대로 그게 옳다고 몸부림치고 있다.

지금까지 화 코칭 기술에 대해서 살펴보았다. 이처럼 부모는 자녀가 화가 나거나 짜증이 났을 때 어떤 필요가 채워지시 않아서 그런 감정이 드는지 인식하고 다른 사람에게 그 필요를 채워주기를 기대하는 것이 아니라 스스로 필요를 채우도록 도와주어야 한다. 그럴 때 비로소 주위 환경이나 다른 사람에 상관없이 내 감정을 스스로 조절할 수 있고 상대방에게도 기여할 수 있다. 또한 불편한 감정은 자꾸 회피하려고 할 때 더욱 괴롭히는 것이므로 피하기보다는 대면하여 충분히 느끼도록 이끌어줄 때 자녀가 보다 성숙하게 그 감정을 처리할 수 있게 된다.

> 화 코칭 기술을 실제 자녀와의 대화에 적용해보고 그 사례를 적어보자. 이 과제를 통해서 우리 자녀들은 매일 매일 화를 잘 처리할 뿐만 아니라 어떤 순간에도 감정과 생각을 잘 조절하고 자신이 원하는 방식으로 이끌어가는 리더가 될 수 있을 것이다.

14일

자녀의 비전을 구체화 시키는 대화기술

자녀 자신의 브랜드를
발견하게 하라

이번 장은 PLACE 코칭 기술에 대한 내용이다. 각 항목의 이니셜을 딴 영어 단어 'place'는 위치, 장소라는 뜻으로서 한마디로 자신의 위치를 파악할 수 있도록 돕는 코칭 기법을 말한다. 더 나아가 자신의 어떤 부분을 더 개발하고 발전시킬지 보다 명확하게 아는 데 도움을 줄 수 있다.

❶ 행동 유형(Personality)
❷ 은사(Learning spiritual gifts)
❸ 재능(Abilities awareness)
❹ 열정(Connecting passion with ministry)
❺ 경험(Experience of Life)

'행동 유형'에 대하여는 한국에서 MBTI가 성격유형검사로 유명하지만 코칭에는 DISC 진단을 사용한다. MBTI가 주로 개인 내부의 성격에 대한 진단이라고 한다면 DISC는 밖으로 드러나는 유형, 즉 행동 유형 평가로 이해하면 될 것이다. 자신의 행동유형이 어떤지 파악한 뒤 자신과 다른 사람을 이해하여 원활하게 협력하고 상호작용할 수 있도록 돕기 위한 코칭 기법이다.

'은사'는 다양한 은사들 중 하나님께서 우리 자녀에게 부어주신 은사를 발견하고 사용할 수 있도록 돕는 코칭 기법이다. 크리스천이라면 이 부분을 코칭에 적용할 수 있고 크리스천이 아니라면 이 부분을 건너뛰어도 상관없다. '재능'은 자녀가 어떤 재능이 있는지에 따라 진로와 봉사를 선택하여 그 재능을 더 개발하고 활용하도록 돕는 코칭 기법이다. '열정'은 자녀의 열정의 영역은 어디이며 열정의 대상은 누구 혹은 무엇인지 점검하게 하는 코칭 기법이다.

마지막 '경험'은 우리 자녀들이 과거 경험을 통해서 어떤 교훈을 얻었고 어떤 가치를 갖게 되었는지 스스로 파악하도록 돕는 코칭 기법이다.

이제 각 항목에 대해 좀더 자세히 알아보자.

행동유형(DISC 진단)

❶ 주도형(dominance)
❷ 사교형(influence)
❸ 안정형(steadiness)
❹ 신중형(conscientiousness)

보통 DISC 진단은 비교적 간단한 설문을 통해 자녀의 행동유형을 평가한다. 온라인(www.e-coaching.com)을 통해서 DISC 검사를 실시할 수 있다. 프로그램을 사용하지 않고 몇 가지 간단한 질문을 통해서도 자녀의 행동유형을 평가할 수 있는데, 먼저 "너에게는 사람이 더 중요하니, 아니면 일이 더 중요하니?"라고 질문하면 주도형, 신중형은 주로 사람보다 일이 더 중요하다고 대답할 것이고 사교형이나 안정형은 사람이 더 중요하다고 대답할 것이다. 또한 똑같이 일이 더 중요하다고 하더라도 "일을 신속하고 빠르게 진행하기를 원하니, 아니면 천천히 신중하게 진행하기를 원하니?" 하고 물어보면 자녀가 주도형인지 신중형인지 어렴풋이 파악할 수 있다. 일이 아닌 사람이 더 중요하다고 한 자녀에게 "다른 사람에게 재미와 감동을 주고 싶고 흥분된 관계를 원하니, 아니면 깊고 편안한 관계를 원하니?" 하고 물어보면 사교형인지 안정형인지 짐작할 수 있다. 그러나 보다 정확한 자녀의 행동유형을 알기 위해서는 설문이나 오링테스트(체질감별법)

를 실시하는 것이 좋다.

이렇게 행동유형을 알게 되면 내가 왜 이와 같은 행동을 하고 그런 말을 하는지 자녀가 스스로 이해할 수 있을 뿐만 아니라, 왜 다른 친구가 자기하고 다른지 또 그 친구에게는 어떻게 대해주고 서로 협력할 수 있는지 구체적인 방법을 모색할 수 있게 된다.

은사

전도, 리더십, 긍휼, 행정, 예언, 구제, 가르침, 일(비전),
믿음, 격려, 섬김, 도움, 지혜, 지식, 접대, 분별

자녀의 은사에 대해서 점검하기 위해서는 역시 은사 체크 설문을 사용할 수 있다. 은사 체크 설문은 여러 가지 자료가 시중에 나와 있지만 도서출판 NCD에서 나온 『사역의 세 가지 색깔』이 적용할 만하다. 전도, 리더십, 긍휼, 행정, 예언, 구제, 가르침, 일(비전), 믿음, 격려, 섬김, 도움, 지혜, 지식, 접대, 분별 중에서 하나님께서 우리 자녀에게 허락하신 은사를 점검하는 과정을 통해 자녀가 자신이 받은 은사를 더 깊이 인식하고 활용할 수 있도록 돕는다.

사실 우리 자녀가 은사가 있어도 사용하지 못하는 이유는 첫째로 영적 은사가 있다는 것조차 모르고, 둘째로 그 은사를 활용하고 싶은 마음이 없고, 셋째로 어느 곳에 그 은사를 활용해야 할지 모르고, 넷째로 자신이 너무 어리다고 생각하고, 다섯째로 영적 은사가 부정적인 방향으로 쓰이는 것을 본 적이 있어서 선입관이 있기 때문이다. 그러므로 우리 자녀들이 자신의 진로에 대해서 계획할 때나 교회와 사회단체에서 봉사할 때 어떤 은사를 활용하면 좋을지 적절한 안내가 필요하다.

재능

❶ 기업형
❷ 사교형
❸ 연구형
❹ 예술형
❺ 현실형
❻ 전통형

보통 재능은 크게 기업형, 사교형, 연구형, 현실형, 전통형으로 나눈다. 자녀에게 이와 같은 6가지 유형을 설명해준 다음 고르라고 한다면 자신이 이 중 어디에 해당하는지 인식하고 분별하도록 도와줄 수 있다.

첫째, 기업형은 타고난 리더로서 항상 책임을 떠맡을 준비가 되어 있으며 어떤 것을 통해 이익을 내는 법을 알고 싶어한다. 내가 보는 관점으로 다른 사람을 설득할 수 있으며 열정적·모험적이고 자신감과 장악력이 있다.

둘째, 사교형은 사람들을 자연스럽게 대하고 쉽게 친구를 만드는 성격이다. 다른 사람들의 관심을 받는 것을 좋아하고 토론으로 문제를 해결하는 것을 좋아하는 사람을 말한다.

셋째, 연구형은 관찰하고 분석하는 것을 좋아하고 복잡한 문제 풀이와 지성을 시험하는 과제에 도전하는 것을 좋아한다. 사람이 많은 곳보다 혼자 조용히 앉아 연구하는 것을 즐기며, 특히 과학 분야에 열정을 갖고 있고 컴퓨터로 작업하는 것을 좋아한다.

넷째, 예술형은 매우 창의력이 뛰어나고 상상력이 풍부하다. 예술적인 방향으로 자기를 표현하기 때문에 딱딱한 환경은 좋아하지 않는다. 많은 사람보다는 소수의 사람들과 함께 있는 것을 좋아하고 자신을 표현하고 싶은 욕구가 강하다. 민감하고 감성적이며, 독립적이고 독창적이다.

다섯째, 현실형은 천성적으로 외부에 나가 있는 것을 좋아한다. 실제 체험하는 것을 선호하여 운동이나 몸으로 하는 것은 다 잘하고 실무에 밝고 활동적이다. 단호하고 실질적인 성격으로서 표현력이 부족하고 느낌을 전달하는 것이 서툰 편이다.

여섯째, 전통형은 조직적인 활동을 좋아한다. 리더가 되는 것을 좋아하지 않고 체계적으로 잘 갖춰진 지휘 체계 아래서 일하는 것을 선호한다. 자신에게 무엇을 기대하고 있는지 정확하게 알기를 원하고 규칙을 모를 때 불편함을 느낀다. 스스로 좀 구식이고 의존적이라고 생각한다. 지조가 있고 점잖은 성격이다.

이렇게 우리 자녀의 재능이 어떤 형태인지 아이 스스로 깨닫도록 도와준다면 자신의 강점을 최대로 살려 목표를 성취할 수 있을 것이다.

열정

❶ 열정의 대상
❷ 열정의 영역 : 선구자, 위임, 개조, 위기, 교육, 관리, 조직, 도움, 감화, 개선, 완벽, 영향력, 지도, 도전, 사회성, 창조성

먼저 열정의 대상을 확인하기 위한 질문으로는 "너는 어떤 사람들을 보면 도와주고 싶은 마음이 우러나오고 흥분되니?", "어떤 분야에 기여하고 싶니?", "어떤 사람과 함께 일하고 싶니?" 등등이 있을 수 있다. "의사가 되어서 불치병으로 고생하는 사람들을 도와주고 싶어요.", "다음 세대를 위해 일하고 싶어요.", "지구의 환경지킴이가 되고 싶어요.", "우주를 연구하면 너무 재미있을 것 같아요." 등등 자녀의 대답 속에서 열정의 대상은 환자, 미혼모, 외국인 노동자 같은 사회적 약자들이 될 수도 있고, 환경, 우주, 정치 같은 특정 분야가 될 수도 있다. 진로를 상담할 때는 부모의 못다 이룬 열정을 자녀에게 투

사하는 것이 아니라 자녀 스스로 마음에서 우러나는 열정을 찾아주는 것이 중요하다.

열정의 영역은 선구자, 위임, 개조, 위기, 교육, 관리, 조직, 도움, 감화, 개선, 완벽, 영향력, 지도, 도전, 사회성, 창조성 등으로 다양하다. 이중 자녀는 어디에 열정을 두고 있는지 스스로 점검하도록 도와줄 수 있다. 만일 관리하는 데 열정을 가지고 있는 자녀에게 어떤 새로운 일을 개척해나가도록 한다면 많은 스트레스를 받을 뿐만 아니라 능률이 높지 않을 것이다. 부모는 자녀가 자신의 성향에 맞는 영역을 찾아 열정을 발휘할 수 있도록 이끌어주어야 한다.

경험

❶ 과거 성공을 통해 배운 교훈은?
❷ 과거 실패를 통해 배운 교훈은?

성공이나 실패를 통해 배운 교훈이 중요한 이유는 그것들이 내면의 가치로 뿌리내려 자녀가 인식하든 인식하지 못하든 현실의 삶과 미래를 위한 결정에 영향을 미치기 때문이다. 따라서 경험이 주는 교훈을 점검해보는 코칭을 통해 자신의 가치가 무엇인지 파악하고 결정할 수 있도록 인도해주어야 한다.

예를 들어 "과거 어떤 성공의 경험이 있었니?" 하고 물어본다면

"시험에서 100점 맞은 경험이요"라고 대답할 수 있다. 부모가 "그때 기분은 어땠니?"라고 질문하면 자녀는 "기분이 뿌듯하고 좋았어요"라고 대답할 것이다. 그러면 "그 성공 경험을 통해 얻은 교훈을 정리해본다면 뭐라고 말할 수 있을까?"라고 질문을 던져본다. 자녀는 "그때 시험공부를 다른 친구들과 같이 했거든요. 그러니까 '협력하면 성공한다'로 성공의 교훈을 말할 수 있겠어요"라고 대답할 수 있다. 마찬가지로 과거에 어떤 실패가 있었고 그때 기분이 어떠했는지 물어본 다음에 "그 실패 경험을 통해서 얻은 교훈을 정리해본다면 뭐라고 말할 수 있을까?"라고 질문을 한다면 자녀는 "잘못을 해도 솔직해야 나중에 괜찮다는 교훈을 받았어요"라는 이야기를 할 수 있을 것이다.

'목적 선언문'을 작성하게 하라

지금까지 과정을 '목적 선언문'에 담아서 정리한다면 자녀는 항상 자신의 PLACE를 의식하며 목표 성취를 위해 매진할 수 있다.

우선 자녀의 꿈을 물어본 다음에 자녀의 '열정의 영역'으로 자녀의 '열정의 대상'에게 그 '꿈'을 성취하는 것이 인생의 목적이라는 사실을 간단하게 정리할 수 있도록 도와준다. 그래서 그 꿈을 이루기 위해서 자신의 '은사'와 '재능'과 '행동유형'을 사용할 것이라고 목적 선언문을 작성할 수 있다.

나의 (열정의 영역)으로 (열정 대상)에게 (나의 꿈)을 하는 일이 내 인생의 목적이다. 이를 이루기 위해 나의 (은사)와 (재능)과 (행동유형)을 사용할 것이다.

예를 들어 자녀의 열정의 영역이 '개조'이고 열정의 대상의 '불치병 환자'이고 자녀의 꿈이 '불치병 환자들을 치료받게 하는 것'이라면 다음과 같은 목적 선언문을 작성할 수 있다.

나의 개조하는 열정으로 불치병 환자들을 치료받게 하는 것이 내 인생의 목적이다. 이를 이루기 위해서 나의 섬김의 은사와 기업형의 재능과 사교형의 행동유형을 사용할 것이다.

그리고 여기에 맞는 실행 계획 및 점검표를 만들어 매일 매일을 살아갈 수 있도록 도울 수 있다. 지금까지 PLACE 코칭 기법에 대해서 살펴보았다. 이 코칭 기술을 통해서 자녀가 스스로 현재 위치를 파악하고 꿈을 성취하기 위해 어떤 부분을 더 개발하고 발전시킬지 구체적인 방법을 발견하는 시간을 가질 수 있다.

> PLACE 코칭 기술을 실제 자녀와의 대화에 적용해보고 목적 선언문을 작성해보자. 이 과제를 통해서 자녀는 보다 쉽게 자신의 꿈을 성취할 수 있는 구체적인 길을 찾을 수 있을 것이다.

맺음말
자녀를 존중하는 마음이
코칭 대화의 핵심이다

언어가 전달하는 것이 7%라고 한다면 비언어적인 요소(몸짓, 표정, 눈빛 등)가 전달하는 것이 93%이라고 한다. 자녀와의 건강하고 친밀한 관계를 유지하면서 자녀의 성공을 위한 코치로서의 역할을 하기 위해서는 '대화'도 중요하지만 '대화' 이면에 있는 부분을 더 많이 관찰하고 읽어줄 수 있어야 한다. 자녀가 이야기하지 않는 부분을 세심한 관찰을 통해 읽어주고 대응해줄 수 있을 때 자녀는 부모를 더 가깝게 느끼게 되고 속마음을 이야기할 수 있다. 만약 한 걸음 더 나아가 자녀 스스로 인식하지 못한 탁월한 재능을 부모가 대신 발견해 주고 개발할 수 있도록 도움을 줄 수 있다면 '코칭 대화기술'의 목적을 100% 활용할 수 있게 된 것이다.

이 책에서 다룬 내용을 자녀를 더 잘 알고 관찰하기 위한 한 부분으로 이해해야지 단순히 피상적으로 자녀의 이야기를 듣고 그것이 자녀의 모든 것으로 이해해서는 안 된다. 지금 자녀에 대해 가지고 있는 부모의 생각, 판단이 자녀의 성장에 가장 큰 장애물일 수 있다. 또 그 판단이 '과연 사실이냐?' 라고 물을 때 전혀 사실이 아닐 수도 있다. 그보다는 이 책에 소개한 '코칭 기술'을 통하여 자녀와의 대화의 폭을 넓히고 자녀를 이해하려 할 때 자녀도 모르고 부모도 몰랐던 자녀의 잠재력, 재능을 발견할 수 있고 그것은 자녀의 일생에 큰 전환점과 계기가 될 수 있다.

부모코칭 세션에 참여한 부모들은 '눈앞에 안개가 걷힌 것 같다' '예전에는 몰랐는데 지금은 자녀와의 대화를 즐기게 되었다' 라고 이야기하곤 한다. 코칭 대화기술을 소개하는 목적 중에 또 한 가지 중요한 것은 자녀와의 대화를 즐길 수 있게 하는 것이다. 많은 부모님의 경우 자녀에 대한 기대와 걱정 때문에 자녀와 함께 있는 시간을 즐기지 못하는 경우가 많다. 그러나 그러한 부모의 기대와 걱정은 자녀에게 오히려 부담과 거부감을 불러일으킬 수 있다. 그보다는 '다양한 코칭 기술'을 자녀와의 대화를 즐길 수 있는 것으로 활용할 수 있다면 훨씬 건강하게 자녀와의 관계를 유지하면서 자녀 스스로 자신의 성장을 책임질 수 있도록 자연스럽게 이끌 수 있게 될 것이다.

그러나 무엇보다 중요한 것은 '자녀를 존중하는 마음'이다. 자녀를 존중하는 마음이 없다면 아무리 세련되고 화려한 코칭 대화기술을 사용해도 진정한 변화와 의사소통은 일어날 수 없다. 자녀는 사랑받기 전에 이미 사랑받은 존재고 인정받기 전에 이미 인정받은 존재이다. 자녀는 내 소유가 아니라 너무나도 소중하고 귀한 한 사람의 인격이라는 것을 인정하고 존중하게 될 때 모든 문제가 해결되고 풀리게 된다. 그럴 때 단순한 이야기로도 큰 변화를 일으키고 진정한 의사소통이 일어날 수 있는 것이다.

이 책을 통해 자녀와의 대화를 즐기게 되고 자녀의 능력을 찾아내어 지금보다 훨씬 더 행복하고 만족한 삶을 살게 되기를 바란다.

자녀를 위대하게 키우려면 **사랑**으로 **코칭**하라

초판 인쇄 | 2008년 2월 27일
초판 발행 | 2008년 3월 7일

지은이 | 손성수
펴낸이 | 심만수
펴낸곳 | (주)살림출판사
출판등록 | 1989년 11월 1일 제9-210호

주소 | 413-756 경기도 파주시 교하읍 문발리 파주출판도시 522-2
전화 | 031)955-1350 기획·편집 | 031)955-1363
팩스 | 031)955-1355
이메일 | salleem@chol.com
홈페이지 | http://www.sallimbooks.com

ISBN 978-89-522-0805-7 03370

* 잘못된 책은 구입하신 서점에서 바꾸어 드립니다.
* 저자와의 협의에 의해 인지를 생략합니다.

책임편집·교정 : 정은선

값 9,000원